COLLECTION POÉSIE

MARCELINE DESBORDES-VALMORE

Poésies

Préface et choix
d'Yves Bonnefoy

GALLIMARD

MARCELINE DESBORDES-VALMORE

I

L'enfance a été heureuse dans la petite ville entourée de blés et de bois, animée d'enseignes, égayée ou troublée par le son des cloches, — ou tout au moins elle a laissé assez de signes vibrants et clairs dans la mémoire de Marceline pour que celle-ci puisse préserver, toute son existence ultérieure, l'idée du bonheur qui s'attache à des choses simples, à des travaux sans surprise, à des vies sans événements. Ce qu'il ÿ a eu d'excellent, en ce XVIIIe siècle qui s'achève, c'est bien ce goût, qui n'était pas seulement des riches, pour l'agrément des jardins, la compagnie de l'arbre ou de la rivière, et la treille au soleil mais aussi la cruche ou le meuble qui brillent dans la pénombre : et la campagne « flamande » et les ruelles de Douai qui vont hanter Sol natal *ou le* Rêve *d'une nuit triste apportaient donc aussi leur lumière à cette écoute précise de la nature par diverses classes sociales qui aurait pu — Goethe en rêva, Nerval encore en témoigne — donner une autre couleur à l'avenir de l'Europe. Mais il y avait eu la Révolution, puis, même à Douai, la Terreur, un père de quatre enfants qui était peintre d'armoiries, fabricant d'ornements d'églises, avait perdu ses pratiques, la gêne s'était installée dans une petite maison aux vitres étincelantes, et survint d'un coup le premier de ces grands orages qui ont frappé si souvent dans la destinée de la plus jeune des filles. Pour des raisons mal connues, mais qui durent bien être aussi de diffi-*

cultés conjugales[1], avec le surcroît d'alarme que celles-ci causent à des enfants, Mme Desbordes décide de s'en aller, apparemment sans retour, à la recherche de l'aide d'un cousin de plus de fortune, qui est planteur aux Antilles. Sa fille dernière-née ne veut pas se séparer d'elle. Et ce furent d'abord plusieurs longues saisons passées à chercher le prix du voyage dans diverses villes de France — les premières de ces errances que Marceline n'allait plus cesser de connaître —, après quoi vint la traversée, qui fut longue et rude, puis, à l'arrivée, le désastre. Car à la Guadeloupe, à ce moment-là, c'est la révolte des esclaves en même temps qu'une épidémie de fièvre jaune ; et le riche parent vient de mourir. Trop d'épreuves, que Catherine Desbordes finit par ne plus supporter. Elle contracte le mal, elle en meurt ; et sa fille, qui n'a alors que quinze ans, doit vivre d'aides diverses, sept ou huit mois, sur cette terre inconnue qui la séduit mais l'effraye, avant de repartir seule. — Pour Marceline, cette équipée, après l'enfance où le temps dormait, ce fut sûrement un grand choc.

Mais qui l'aguerrit, tout aussi bien, et aiguisa sa sensibilité, et étendit sa conscience. Pendant la traversée de retour, où il y

---

1. À en juger par la dure accusation que porte contre la mère, de façon d'ailleurs inconsciente, la remémoration du nid d'hirondelles brisé dans *L'Atelier d'un peintre*. L'hirondelle-mère s'est enfuie sur le toit voisin, le père des quatre oisillons — *« hélas ! Il avait quatre enfants »* — vole plaintivement autour d'elle, puis revient prendre un à un ses petits pour les jeter sur le sol de la cour, où ils succombent : ce qu'on avait interprété comme un mauvais présage, car le nid était le porte-bonheur de la maison. Souvenir réel ou fantasme ? Marceline ajoute, en tout cas : « peu de temps après, je naviguais avec ma mère, seulement ma mère — vers l'Amérique — où personne ne nous attendait » (*L'Atelier d'un peintre*, p. 78 de l'édition partielle et abusivement intitulée *La Jeunesse de Marceline ou l'Atelier d'un peintre*, avec préface de A.J. Boyer d'Agen, Paris, N.R.F., 1922). À la fin de l'œuvre poétique, dans *Les Sanglots*, le traumatisme paraît encore, autant que se précise l'identification de la mère à l'hirondelle enfuie :

> Je sentirai couler dans mes naissantes ailes
> L'air pur qui fait monter les libres hirondelles,
>
> Et ma mère en fuyant pour ne plus revenir
> M'emportera vivante à travers l'avenir !

eut une violente tempête, il semble qu'elle se fit attacher dans les haubans, en ces heures d'incertitude, pour mieux contempler les vagues. Évidemment, ces mois de tant de périls, c'était aussi, pour une jeune fille si éprouvée, une situation qu'elle pouvait sentir digne de ces romans anglais qu'elle avait un peu lus peut-être, ou de Bernardin de Saint-Pierre : sauf qu'il n'y avait pas encore de Paul, à l'horizon de sa vie, pour renouveler sa confiance. Et l'on conçoit aisément que grâce à tant d'aventures et parmi tant de spectacles ait pu commencer à mûrir cette vocation poétique qui se justifie de l'excès de l'expérience vécue sur la parole commune. Rentrée à Douai chez son père, dans l'aimable maison qu'elle n'avait quittée qu'à regret, Marceline, renouant avec de premiers essais d'avant son départ de France, se fait engager au théâtre local, puis à celui de Rouen ; et, le succès venant vite, elle joue bientôt à Paris, sur diverses scènes. Mais déjà sans doute elle s'adonne en secret à ce que son oncle va appeler ses « éternelles rêveries », déjà elle appartient corps et âme, pour reprendre un exemple qu'elle a donné, à la goutte d'eau qui pend d'une feuille puis s'en détache, déjà elle attend des mots qu'ils taisent leur bruit pour accueillir ce silence. Ses premiers poèmes, souvent destinés au chant, n'ont guère commencé à paraître qu'à partir de 1813[2] : il reste que L'Atelier d'un peintre — son roman pour une bonne part autobiographique — révèle que dès son second séjour à Paris, en 1808, chez cet oncle, le peintre Constant Desbordes qui habite près d'autres peintres, certains célèbres, le couvent des Capucines désaffecté, elle est attentive à la création des artistes et fort désireuse d'une recherche qui ressemblerait à la leur. Encore qu'elle est aussi tout à fait consciente, ce livre le montre bien, d'une difficulté qui va être la sienne en propre sur cette voie inusuelle.

Cette difficulté, c'est qu'elle n'est qu'une femme, ce qui lui vaut d'être jugée, d'entrée de jeu, seulement capable d'œuvres d'imitation ou mineures, et fait qu'on lui suggère ou même

2. En fait, dès 1807, un petit poème : *Le Billet*.

9

prescrit de n'avoir que peu d'ambition. Dans l'Atelier, où Marceline s'est déguisée en étudiante de la peinture, l'oncle qui l'aime beaucoup et veut l'éduquer se propose bien de faire jaillir l'« étincelle » qu'il suppose enfermée en elle, il a même le désir de faire d'elle une fois ou l'autre un « artiste un peu célèbre », il ne l'en accable pas moins de railleries où le préjugé se marque, — et d'ailleurs : « Tendez votre tablier, mon enfant ! » lui dit-il sans détour dès la première page du livre, « les femmes ne seront jamais que des glaneuses ; mais leurs bras faibles ont de la grâce et on leur pardonne parce qu'ils ont l'air de prier. Songez bien... Vous m'écoutez toujours, n'est-ce pas ? » Marceline écoutait, à sa façon. On n'allait pas lui proposer l'étude de Raphaël, ni d'être Proudhon, qu'elle aimait, ou ce Girodet qui, à l'étage au-dessus dans le couvent délabré, visait tranquillement au sublime. Le modèle ne pouvait être que cette Mlle Lescot qui avait été danseuse et peignait maintenant des « tableaux charmants ». Et se prouver autre, et davantage, ne serait guère facile.

Il est vrai que Marceline Desbordes, distincte en cela de son héroïne, n'entendait pas être peintre. Mais se destiner à écrire ne rendait pas plus aisée sa tâche, puisque ce lui serait rencontrer plus directement encore le grand obstacle des femmes qui est, tout simplement, le langage. Dans notre société, les hommes n'échangent plus tout à fait les femmes comme on ferait de biens matériels, ils n'en ont pas moins décidé entre eux des valeurs, des idées, des perceptions, des projets qui donnent structure à la langue ; et sans même y penser ils sont donc les seuls sujets libres d'un acte de la parole où la femme n'est qu'un objet. Or, ce qui est vrai aujourd'hui encore, combien l'était-ce plus au début du siècle dernier, dans cette culture bourgeoise qui s'affirmait sous l'Empire ! Ce monopole masculin se marquait au plus haut niveau de la réflexion morale : car le christianisme qui se rétablissait si rapidement alors, c'est tout de même la religion qui accuse la femme dès son récit de la Chute, et qu'est-ce d'autre que la charité dont il rêve sinon la tentative désespérée pour brider cette violence accablante qui caractérise l'homme surtout ? Et tout autant il se vérifiait en littérature.

La poésie, je ne l'oublie pas, est plus complexe et quelquefois plus lucide que la simple littérature. Que la langue comme elle existe, avec ses préjugés, ses contraintes, y soit considérée bien souvent comme la valeur suprême, cela n'empêche pas que ceux des poètes qui sont attentifs au monde sensible, à ses aspects non verbalisables, à une impression d'unité qui par instants s'en dégage, s'impatientent de ce système des mots qui voile l'univers autant qu'il le fait paraître, et veulent le transgresser, visant alors aussi bien les catégories, les façons de sentir ou d'être qui privent les femmes d'être libres. Les poètes pourraient ainsi être les alliés de ces dernières, et ils croient souvent qu'ils le sont. Mais cette conviction n'est le plus souvent qu'illusoire, du fait de dialectiques précises. Privés qu'ils sont d'un rapport intime avec l'être par l'interposition des vocables, ceux qui se rebellent contre la langue vont s'imaginer que les femmes, qui ne sont pas prises comme eux dans le piège de la parole, bénéficient en retour de l'immédiateté qu'ils désirent. L'attrait qu'ils éprouvent à leur égard semble s'expliquer par ce privilège. Mais ils entreprennent du coup de les célébrer sous ce signe, et c'est déjà sacrifier la communication qu'ils recherchent, car cette jouissance de l'immédiat qu'ils leur prêtent, ils l'imaginent en hommes : ce qui demande à la femme de s'effacer dans un rêve d'homme. Tantôt ils font de l'intimité supposée quelque chose de spécifiquement sensoriel, une intériorité, par exemple, de l'érotique à soi-même, et ils voient la femme absorbée dans cet infini, somnambule, sans intérêt réel pour quoi que ce soit sauf la sensation, lointaine donc, capricieuse, — mais effrayante aussi bien, de toute cette distance. Et d'autres fois ils comprennent cet immédiat féminin comme une sorte de transcendance, de nature spirituelle, mais incapable aussi bien de l'existence en ce monde, — la femme est la châtelaine mais de ce château introuvable dont Le Grand Meaulnes *révèle qu'on ne le quitte que pour mourir. En fait, l'immédiat est déjà comme tel un mythe, qui méconnaît que nul ne peut échapper aux structurations du langage, qu'on en jouisse ou qu'on le subisse, qu'on en soit le gestionnaire ou l'esclave. Pour rapprocher l'homme de la femme ce qui seulement aurait sens, c'est la langue encore, en un autre état, plus ouvert à des aspects simples de la réalité naturelle : et quelques-uns le savaient, même à l'époque de Marceline, c'étaient en Angleterre Wordsworth, en Allemagne Hölderlin, en France Joubert et bientôt Nerval, mais ils n'avaient guère d'audience.*

Bien secondaire donc et tout de suite une aliénation la place que Marceline n'était pas sans comprendre qui lui serait consentie, si elle voulait vraiment, comme elle dit dans le roman de sa formation, « inscrire un nom de femme parmi les lauréats de l'École française ». Mais il est vrai aussi que les temps changeaient, et que des événements avaient lieu, dans les idées autant que les lettres, qui pouvaient lui donner un commencement d'espérance. Quand elle écrit ses premiers poèmes la poésie versifiée a beau être pour quelques années encore à son niveau le plus bas depuis ses débuts en France, ce n'est plus seulement Paul et Virginie qui est lu, Atala et René ont beaucoup ému, on connaît Mme de Staël, et le voisin Girodet n'en est plus à sa Scène du Déluge que vantait l'oncle à sa nièce, en s'étonnant qu'elle n'y fût pas outre mesure sensible, car il a peint en 1808 Les Funérailles d'Atala, un tableau qui est en puissance tout l'ébranlement romantique. Dans cet espace élargi, où le mot « âme » vibre de résonances jamais entendues encore, tout être qui a de l'ardeur et du sentiment ne sera-t-il pas reconnu, accueilli, serait-il femme, et même aidé en ce dernier cas à sa seconde naissance ? Et c'est ainsi que s'explique, me semble-t-il, non pas que Marceline ait aimé, à ce moment-là, Henri de Latouche, qui sera un des partisans de la poétique prochaine, mais qu'elle ait subi si profondément le choc, et gardé si durablement la mémoire — quand elle aima autrement —, de sa liaison avec lui, puis de leur rupture. Qu'était Latouche en effet, quand elle le rencontra en 1808 et se crut aimée de lui, sinon la preuve imprévue d'une reconnaissance profonde jusqu'à ce jour impensable ? Poète, il l'était d'abord, Marceline l'atteste, par une voix « saisissante », un rapport direct des mots et du souffle, qui ne pouvait signifier que la primauté de l'intelligence affective sur les réclamations des préjugés de la veille. En outre, il avait été marqué autant et même plus qu'elle par les enseignements formalistes du classicisme tardif et venait donc à la poésie nouvelle — qui le « ravit d'espérance », dira son amie bien plus tard — avec ce sérieux des heures de découverte qui peut sembler promettre toute rigueur dans l'exploration de tous les possibles. Latouche ne fut pas le miroir du narcissisme de Marceline — qui n'en eut à aucun degré — mais celui de son besoin d'accéder à la connaissance de soi grâce à des mots pénétrés d'une vérité plus complète.

Il reste que Latouche n'aima pas vraiment Marceline, et ne sut guère la reconnaître en son désir de maturation poétique : c'est ce que montrent quelques poèmes où l'on voit bien qu'elle lui reproche moins de ne plus lui être fidèle — il y a dans certains d'entre eux d'émouvantes paroles d'abnégation amoureuse — que de s'être joué de son sentiment, c'est-à-dire d'être resté en deçà de toute relation tant soit peu profonde. Latouche se jouait tout autant de soi, d'ailleurs, il ne voulait pas se comprendre, il se prenait plutôt pour un autre Hamlet, et ce n'est pas un hasard si dans l'Atelier le jeune peintre allemand — ce mot signifie romantique — qui fait mourir de chagrin celle qui aimait mieux que lui se nomme Yorick. Yorick aura beau sauter dans la tombe encore ouverte, comme Hamlet le fit avec celle d'Ophélie, et s'y donner la mort, d'un coup de pistolet, ce qui trahit l'irréductible illusion de Marceline, il a le nom, qui l'accuse, de ce bouffon qui n'est que la contrepartie dérisoire du prince si la lucidité ne l'anime pas. Quant à la morte, elle s'appelait Ondine, d'après La Motte-Fouqué, ce qui signifie plus encore, quand on connaît l'œuvre de ce dernier, l'incompatibilité de destin qui peut se marquer entre homme et femme. En fait, et c'est un signe de plus que Latouche se déroba à l'échange, Marceline non plus ne l'a pas vraiment compris en ce qu'il était ou aurait pu être, et ne put donc lui venir en aide. Écrivant à Sainte-Beuve, en 1851, après la mort de l'ancien amant : « Je n'ai pas défini », lui dit-elle, « je n'ai pas deviné cette énigme obscure et brillante. J'en ai subi l'éblouissement et la crainte. » Et elle ajoute, avec autant de générosité que de génie poétique : « C'était tantôt sombre comme un feu de forge dans une forêt, tantôt léger, clair, comme une fête d'enfants. »

Latouche, en vérité, n'avait été en son égocentrisme évident et son idéalisme illusoire que déjà l'image, bien que sans assez de substance, de la poésie romantique, et en cela était révélé, dès avant les Olympio et Rolla de la prochaine génération, que cette sensibilité encore, si évidemment prisonnière des contradictions du moi qui s'adonne au rêve, restait incapable de se défaire des représentations convenues, et de rapprocher authentiquement l'homme et la femme. Marceline Desbordes eût-elle suivi Latouche dans ses suggestions littéraires, qui l'auraient sans doute rendue plus nécessaire à ses yeux à lui, plus importante dans l'évolution de sa vie, elle aurait pu se croire l'inspiratrice, et écrire du coup dans le goût d'époque, mais nous ne lui trouverions pas cette vérité, cette force qui font ses meilleurs poèmes. — Or, à ne pas être reconnue et aidée comme elle avait rêvé qu'elle pourrait l'être, à aimer toujours plus que l'autre et bientôt sans rien en retour, à rencontrer, en bref, la souffrance sans l'illusion, l'expérience de l'existence sans les différements de lucidité du bonheur, il se trouve qu'elle a mûri, comme peu savent le faire, et accédé, c'est un fait, à une poésie originale et intense qui l'emporte, parmi ceux qui avaient son âge, sur toute voix masculine. De 1830 à sa fin ou presque — bien qu'en ses dernières années ses poèmes se fassent rares —, celle qui avait commencé par des élégies et des fables dans le goût d'un classicisme exténué a élaboré, de façon irrégulière mais de livre en livre toujours plus dense, une parole certes moins ambitieuse que l'éloquence des grands poètes de la génération romantique, moins vouée aussi à l'idée d'une œuvre, distraite comme elle en fut par tant de tâches et de traverses, mais tout aussi émouvante, en ses grands moments, qu'Hugo ou Vigny ne le furent, et tout aussi infinie, en ses vibrations, et souvent même plus véridique. Et nous qui l'avons négligée, par-

14

ce que nous confondons la poésie avec l'art, la vérité avec l'invention, la qualité avec la surprise, nous avons grand intérêt à comprendre par quel mouvement de l'esprit s'est conquise, sur une aliénation qu'elle a ressentie et dite — sur le « malheur d'être femme » —, la première voix authentique de la poésie féminine des Temps modernes dans notre langue.

II

Et pour cela distinguons de ses vers où elle pense à Latouche ceux qu'elle adresse à Prosper Valmore. On dit volontiers aujourd'hui que la poésie est intransitive, et ne parle de rien parce qu'elle est essentiellement une relation entre mots, où les allusions à ce qui est ou qui fut ne sont jamais qu'un prétexte, — on perdrait beaucoup, cependant, à ne pas suivre chez Marceline les voies qui mènent vers d'autres êtres. Et, par exemple, les poèmes où il est question du premier amant peuvent nous émouvoir par la passion qui s'y dit à nu, ils n'indiquent pas avec évidence jusqu'où va se porter la poésie qui s'y cherche. Il y a là bien des larmes, ce qu'on n'a pas manqué de leur tenir à reproche, plus d'attention à de menus faits que de vision qui transperce les apparences, et sans doute, si on ne disposait que de ces élégies, n'y remarquerait-on pas ce qui est pourtant le début de la transformation qui va suivre, ce fait qu'il n'y a guère de récrimination dans ces plaintes, et que celle qui les exprime est prête à prendre sa part de responsabilité dans le drame, par un effort de tout l'être qui atténue les tensions, qui musicalise le désaccord. À celui qui lui « a tout repris jusqu'au bonheur d'attendre » — et c'est évidemment de Latouche qu'il s'agit là, malgré l'opinion de quelques critiques —, Marceline dit par exemple que le ciel qui l'avait fait lui, « pour la rendre sensible », « oublia que pour plaire il ne me donnait rien ». Humilité peut-être un peu feinte et trop provocante, mais où l'amertume s'efface. Déjà cette femme apprend à juger ses rêves, déjà elle choisit de voir les raisons de l'autre plus que son propre désir.

*Mais c'est avec les autres poèmes, ceux qu'elle a dédiés à Valmore, qu'apparaît l'autre poésie, ou en tout cas le choix de destin qui en sera la vraie cause. Entre Latouche et Valmore le contraste est profond et surtout de beaucoup de sens. Le premier était malheureux, ou croyait l'être, l'autre resta voué, sa vie durant, aux tracas, aux travaux sans fin, aux déboires. Latouche fut tout ambiguïté, tout mirage, ce qui peut inspirer la passion qui va comme par nature à l'énigme, et c'est d'ailleurs parce qu'il semblait ainsi l'*étranger *que Marceline avait pu rêver qu'il incarnait l'*autre, *celui qui de sa rive inconnue tendrait sa main secourable. Valmore, lui, c'est un comédien comme Marceline et, voué tôt à la scène, il n'a pas reçu davantage qu'elle l'éducation littéraire qu'elle va toujours regretter, rien n'empêche donc qu'il ne soit* le proche. *Outre cela, il est sans mystère, c'est sûr, et n'a pas même beaucoup de charme. Ce n'est pas à lui qu'on aurait confié le rôle d'Hamlet, il fut parfois sifflé, il faudra sans cesse que Marceline, c'est apparent dans ses lettres, le soutienne, le réconforte. À l'un allait le trouble qui ne cessa d'agiter une femme qui se sentait à l'étroit dans la société de son temps, à l'autre, probablement, cette « amitié de mariage » qu'elle a mentionnée une fois*[3]. *Mais employer ce mot-là ne signifie nullement moins d'attachement ou même d'élan du côté de Marceline. Ce qui s'affirme au contraire, dans ses poèmes nouveaux, c'est que la force d'amour y est demeurée entière sinon accrue. Et comme elle est attachée maintenant à un objet qu'elle ne transfigure pas, qui ne parle plus à son rêve, comme elle a rassemblé l'univers, la raison de*

---

3. Dans *L'Atelier d'un peintre* toujours, où l'autre figure féminine, Marianne, a à choisir entre celui qu'elle aime, mais qui ne l'aime plus et qui la rendra malheureuse, et un autre qui lui reste toute sa vie, et en vain, passionnément attaché. C'est de ce dernier — qui est « l'oncle », racontant sa vie malheureuse — qu'on attendait autrefois quelque « amitié de mariage ». À l'évidence Marianne est symétrique d'Ondine, dans le roman. Et toutes les deux meurent d'amour trahi, mais on peut penser que Marceline a médité l'erreur de Marianne, dont la vie aurait pu changer dans le grand jardin de la maison désertée où son ami le peintre travaille : jardin abandonné aux rosiers, jardin d'où ce matin-là elle emporte toute une gerbe de roses.

vivre, autour d'un point qu'on peut dire en somme quelconque, c'est bien plutôt cette force qui se révèle réalité profonde, fondamentale, et constitue pour nous le fait dont il faut partir pour comprendre une vie et peut-être une œuvre. N'est-ce pas, cet engagement de tout l'être, une forme aussi de la réflexion poétique ? Et, des modestes vers du début à quelques splendides poèmes, la cause du changement, la décision qu'il fallait pour l'approche et la perception d'une poétique nouvelle ? On s'est étonné souvent — et Valmore tout le premier — que l'écrivain que Marceline Desbordes-Valmore était et entendait être — son premier recueil de poèmes suit d'une année son mariage — ait accepté de grand cœur, et sans rien s'épargner de ses conséquences, cette existence de déménagements incessants, d'installations toujours provisoires, de soucis misérablement matériels à quoi la voua la vie commune, avec les maternités aussi bien, grevées d'anxiétés et souvent d'alarmes. C'est la chance d'une œuvre qui semblait se gaspiller là. Mais quand on entend cette ardeur, dans les poèmes de cette époque, on doit se demander tout autant si ce don de soi, qui obligea Marceline à l'oubli de beaucoup de rêves, qui l'ouvrit donc à la réalité la plus difficile, mais peut-être aussi la plus riche, dans le hasard et le temps, ce ne fut pas l'occasion d'une sorte plus haute de connaissance, la voie d'une maturation : ce qu'attendait, en fait, notre poésie, vers 1830, après une si longue période d'artifices dans l'émotion, de rhétorique déserte.

Qu'est-ce que la poésie de Marceline Desbordes-Valmore, dans ces années de 1830 à 1850 qui voient aussi le triomphe — comme l'on dit — des grands écrivains, et des peintres, du romantisme ? Au premier abord, une langue et des catégories de pensée qui ne se distinguent plus guère de celles de tous les jours : le projet d'art, s'il en fut un, est bien renoncé, et le rythme qui mène ces longues strophes peut paraître ne remuer que la surface du monde, et ajouter au péché de banalité celui de l'éloquence facile. Du point de vue de l'être propre des femmes, de leur droit à un sentiment et une parole, celle qui parle ici semble, de surcroît, avoir bien trop consenti aux limitations et aux charges que la société leur impose. Et la religion qu'elle crie les jours où le malheur frappe, on dirait bien qu'elle est demeurée, sans changement appréciable, ce christianisme des femmes, surtout des mères, où il n'y a de permis que douleur et renoncement. — Mais au cœur même de ces poèmes qu'on trouve parfois négligés — ma plume court, dira volontiers Marceline — et qui manquent certainement de tout désir de composition, apparaît ce qu'on ne peut dire autrement que par l'idée de lumière. Comme si les mots retrouvaient une intensité, une qualité d'évidence qui seraient en puissance dans chaque chose, un vers puis un autre et un autre encore se détachent de la méditation ou du souvenir, illuminant comme d'une foudre l'horizon entier de la terre. Même dans les moments de nostalgie, même dans ceux de la plus grande souffrance, cela s'impose comme une joie. Même dans la distance où restent les lieux évoqués, les êtres remémorés, cela brille comme une intimité chaleureuse. Et la cause de cette impression extraordinaire de présence — « Jours heureux pleins de bruits que nuls bruits ne défont », *écrit Marceline, ou* « On ressemble au plaisir, sous un chapeau de fleurs[4] »... —, *c'est bien, à n'en pas douter, et c'est seulement, fiévreusement éprouvée et dite, une force d'amour, cette force qui est l'amour. Marceline Desbordes-Valmore a renoncé à chercher l'exceptionnel, le sublime. Elle a regardé ce qui est, dans sa condition la plus quotidienne. Mais ce qui est, tout précaire soit-il, et limité, ou plutôt à cause de cela même, participe d'une unité de l'univers, de la vie qui est refusée aux créatures du rêve, — et l'unité est lumière. Or, en poésie, que demander d'autre ? Que ce mouvement d'adhésion soit porté jusqu'à son terme, qui est silence, et ce serait, dans les derniers mots rayonnants, et la simplicité, déchirante, et la proféation, souveraine. Non plus l'entrevision fabuleuse, qui ne se tisse que de fantasmes : mais ce qu'on peut dire l'incarnation.*

---

4. Et encore : « *toute buissonnière en un saule cachée* ». Ou : « *Mon âme encore oiseau rasait les jours mouvants* »...

*En fait, je suis tenté de penser qu'une vocation à l'incarnation, à l'accord à travers les mots de l'existence et du monde, se cherchait déjà, s'ébauchait dès les premières œuvres de Marceline, qu'on donne pour médiocres, souvent, parce qu'on veut n'y voir qu'une imitation des poèmes d'une autre époque. Bien plus vraiment poétiques que les élégies qui vont regretter bientôt l'absence ou la froideur de l'amant me semblent tout au contraire ces pages de débutante sans doute conventionnelles, qui vont à des bergers, des ruisseaux, des enfants qui jouent dans des prés : banalités pastorales par bien des aspects désuètes, mais qui permettent l'éclair de la mémoire enfantine, ce qui ravive d'un coup la couleur d'un ruban ou d'une couronne d'herbes, et montre que les bergeries du XVIII*e* siècle ne firent que continuer de façon discrète l'antique visée ontologique qui se cherche depuis Virgile sous le signe de l'âge d'or. Aussi naïfs soient-ils, et même mièvres, ces vers, c'est le chemin par lequel les chansons paysannes que Nerval va entendre aussi cherchent la conscience moderne, celle de Rimbaud ou de Mallarmé. Et ils ont d'ailleurs quelquefois déjà une aisance du rythme, une rapidité d'eau qui court, qui sont la joie même de l'esprit vivant non pas l'immédiat, j'ai dit qu'il n'y en a pas, mais les grandes médiations simples qui constituent une terre. Il n'y a pas d'immédiat, pas d'accession féminine ou autre à ce qui serait l'immédiat, et rien n'est plus éloigné de Marceline, dès ces premiers jours de sa poésie, que de suggérer quelque intimité spécifique de son être propre de femme et de la perception comme telle. Elle peut bien évoquer* « les pigeons sans liens sous leur robe de soie », dire à quelque *jeune mère rêveuse :* « tu seras nonchalante à nouer ta ceinture », *ces belles notations sensuelles ou érotiques sont aussitôt résorbées, avec le cri de l'oiseau, avec le bruit du ruisseau, dans l'idée du ciel, des chemins, des enfants, des arbres, — et des maisons sous les arbres. Elles énoncent, autrement dit, non le secret d'une chair mais les données de la vie que l'homme et la femme partagent, et que sans cesse le rêve quitte mais que l'amour recommence. Et si elles sont tentées de* *s'abandonner à une couleur ou une odeur enivrantes, le second mouvement de Marceline est déjà de s'élancer vers les autres êtres pour leur en porter le message.*

C'est ce que fait exemplairement un de ses plus beaux poèmes, Les Roses de Saadi, *et peut-être n'est-il pas inutile de souligner au passage que ces trois strophes ne sont, de très loin même, les plus célèbres de leur auteur — celles que l'on connaît quand on ne sait plus qu'il y en a d'autres — que par suite d'un contresens qui se glisse aisément dans leur lecture.* « J'ai voulu ce matin te rapporter des roses », *dit au commencement celle qui parle[5] dans le poème, et il n'y a certes pas à douter qu'elle n'avait pu percevoir cette beauté, ce foisonnement des fleurs que par une intimité avec la réalité sensible, que la plupart de nos mots ne savent qu'effacer de notre champ de conscience. De ce point de vue les « ceintures closes », qui n'ont pas su « retenir », c'est bien, et comme après coup, entre l'être du monde et nous, l'interposition du langage, dont les « nœuds » seraient « trop serrés » — quelles superbes images ! — pour préserver sans la meurtrir durement la plénitude de l'origine. Mais le poème n'indique donc, sous ce signe-là, qu'un échec, nullement la capacité d'une poésie féminine à retrouver l'immédiat.*

D'autre part, qui a lu L'Atelier d'un peintre, *cette clef d'une poésie qui se confie si souvent aux évidences de la mémoire, et le long récit des amours de l'oncle qui s'y inscrit « en abyme », se souvient du grand jardin de la maison désertée, à Douai, où il n'y avait que des roses, et sait que ce « matin » du poème, ce premier temps de la perception, est encore une référence de Marceline à ses premières années. Et il remarque alors que les roses s'en sont allées « à la mer », la mer qui n'apparaît nulle part ailleurs dans les poèmes de celle-ci mais fut pourtant*

5. Dans le passage du *Gulistan* que *Les Roses de Saadi* imite, il est question en réalité d'un sage, qui a rêvé les roses dans son extase. Mais le mot « robe » a en français, quand rien n'y contredit clairement, une suggestion si irrésistiblement féminine qu'on ne peut concevoir que Marceline ne l'ait pas comprise d'instinct, et assumée.

si présente dans le grand drame qu'elle a vécu à peine au sortir de l'enfance. Le vent qui les emporte, dans le poème, n'est-ce donc pas celui de cette tempête ? Et que l'eau ait paru « rouge et comme enflammée » dans ce moment de si vive alarme, lorsque la mère était morte, lorsque la fille portait, a-t-elle dit une fois, la « noire » ceinture du deuil, n'est-ce pas bien plutôt l'indice de toute une époque de rêves en ce temps de l'adolescence — rêves où interféraient naturellement le trouble du corps et la symbolique inconsciente[6] — que le présent pur de la perception ? En profondeur l'événement de rupture que remémorent Les Roses de Saadi *n'est pas la perte de l'immédiat, comme la provoquerait le langage, mais celle du rapport plein — sans imaginaire, suffisant — qui avait rattaché l'enfant, autrefois, à une réalité qui était comme telle un lieu organisé, médiatisé, une terre. Et il suggère bien une insuffisance des mots, mais pas à la façon dont la décrirait le romantisme, pour qui l'immédiat est l'enjeu et toute parole, au moins moderne, un exil. Quelle simplicité en effet, quelle spontanéité et même quelle assurance dans ce mouvement qui va vers autrui avec le don de ce souvenir qui est encore richesse ! L'imaginaire a eu lieu, l'Occident, la modernité, ont altéré le rapport au simple, la parole n'est plus naturellement l'évidence, mais les choses sont là toujours, le jardin a gardé sa forme, peut-être demain matin d'autres jeunes filles y entreront, la poésie a pouvoir de le leur permettre, si nous savons respirer dans sa robe qui est l'enfance l'« odorant souvenir » du monde. Ce ne sont pas les mots qui ont tort, ce n'est que le parleur qui les subordonne à son rêve, les reploie à sa solitude. Et donc portons-nous vers les autres êtres, ce qui dissipera nos chimères, rendra visible le monde. — On remarquera en ce point la transitivité absolue qui structure tout le poème. Il va du je au toi, qui est prié de se tourner vers le moi mais pour être lui-même davantage. Le sujet n'y existe que par*

---

6. On peut noter dans ce sens l'homophonie *mère-mer*, et la surdétermination de l'idée de la ceinture de roses, qui éclate, par l'autre événement de cette période, la puberté.

l'élan qui le voue à l'autre, la parole est une offre, une prière, un échange. Et l'on se prend à rêver — c'est le cœur même du poétique — d'un autre état du langage, incité par ce don qui pourrait être mutuel. Pourquoi les « nœuds » resteraient-ils si serrés ? Pourquoi n'adviendrait pas une langue de nœuds plus souples, moins tendue sur des représentations fantasmatiques du monde par l'arrogance des systèmes verbaux qui bâtissent le moi, mais ne savent plus notre lieu ?

Réinventer, non l'amour — car pour celui-ci Marceline n'a eu qu'à le constater en son être même — mais ce lieu sans lequel Rimbaud pressentait vaine toute formule. Raviver ces couleurs de l'être-au-monde qui passent, Wordsworth l'a constaté avec inquiétude, quand l'enfant devient peu à peu l'être qu'on dit raisonnable. Et quels que soient les malheurs de la vie adulte — ou plutôt grâce à eux aussi, puisqu'ils aident l'homme et la femme à se désaveugler de l'égocentrisme — se porter hardiment à cette intensité de la finitude qui est si différente de l'infini échappé, extériorisé, brisé qui assoiffe pour rien le rêve, qui brille pour rien dans les mythes. Ce projet d'une poésie « absolument moderne » — car d'un objet si profond dans simplement l'évidence que voici délaissés les tournants sans fin de l'histoire —, c'est ce qui fait tout le sens d'un autre poème de Marceline Desbordes-Valmore, qui n'est au premier regard son œuvre la plus étrange que parce que cette intention est encore rare ou timide, le Rêve intermittent d'une nuit triste. Et je m'arrêterai à cette page que je ne puis qualifier que de céleste — pour suggérer ce que peut être l'ampleur de l'expérience possible.

L'occasion est cette fois, comme si souvent chez Marceline Desbordes-Valmore, le chagrin. Elle a veillé quatorze nuits et autant de jours sa fille Inès, qui se meurt, puis, épuisée, elle s'est endormie à son chevet, et c'est en rêve que cette centaine de vers se forme dans son esprit, elle les griffonne au réveil pendant que dort la malade. Devant ces faits, on peut penser d'abord à l'expérience analogue de Coleridge, le poème vécu en songe, Kubla Khan, mais c'est alors pour constater entre les *deux textes une opposition si marquée qu'on a l'impression d'y surprendre un des clivages de la conscience. Dans* Kubla Khan, *malgré la référence aux formes de la nature, bois et fleuves, mais gouffres aussi, éruptions de la matière profonde, d'où jaillissent des jets de pierre, on n'a pas quitté le langage en ce que celui-ci peut avoir, prisonnier de pulsions qui restent obscures, de plus égaré, de plus éparpillé dans les condensations et déplacements du rêve. Ce « pleasure dome » que le Khan Kubla fait bâtir, au plus près de cavernes « insondables », c'est comme telle la production du désir, c'est un des beaux reflets que l'activité onirique a captés de son être propre, mais aussi bien avoue-t-il sa précarité, la vision que nous en avons reste indistincte, et il suffira à l'éveil d'un hasard quelconque, spécifique représentant de la réalité comme il faut la vivre, pour effacer ce mirage. Dans le poème de Marceline, tout au contraire, les charmilles et les ruisseaux les plus familiers ont remplacé les forêts obscures, les fleuves qui vont aux mers qu'aucun soleil n'illumine. Et aucun palais ne défie plus la gravitation terrestre, dans de vertes prairies où s'éjouissent ou broutent les bêtes du sol natal. Mais c'est chacune de ces figures du monde simple qui, présente à nous par son nom, rayonne à travers lui de l'intensité que Coleridge ne prête qu'au fantastique, et en fait autant de parcelles d'une unité, d'une suffisance que le monde révèle qu'il recelait. C'est comme si, délivrée par l'excès même de son malheur du dernier lien qu'elle avait avec le « moi » possessif, aveugle, Marceline se retrouvait tout à fait ce que nous sommes mais sans vouloir le comprendre : un rien mais au nombre des riens qui forment le tout, une « étincelle d'or de la lumière* nature », *et en éprouvait donc, au-delà des larmes, une joie, l'expérience de l'absolu. — Le* Rêve *intermittent n'est, en bref, nullement un rêve, une chimère, mais la réalité même qui se découvre en sa nature de lieu. Le sommeil n'y a pas aidé, comme d'ordinaire, à la clôture des mots, mais à l'extrême déliement des quelques-uns qui sont de toujours au plus près du monde, y entrouvrant comme un seuil. Et ces mots, en retour, pure poésie, valent par-delà leur auteur, bril-*

lent pour nous comme la même promesse, ce que Marceline comprend, puisqu'elle délègue vers cette terre du proche, avec une admirable espérance, son autre fille, Ondine, la survivante, en avant-courrière dans leur clarté de l'humanité malheureuse. Ondine, pourquoi Ondine ? Peut-être parce qu'Inès avait toute sa vie souffert de se croire la moins aimée, ce qui bouleversait Marceline ; et parce que celle-ci a donc bien dû espérer que la lucidité de la mort allait délivrer Inès de ce mauvais rêve, ce qui lui permettrait de s'identifier à sa sœur aînée — et de survivre par elle. L'absolu ne lève-t-il pas les limites qui ne séparent les êtres que par le défaut de l'amour ?

Le **Rêve**, qui n'est « intermittent » que parce qu'on ne peut s'établir de façon durable dans ne serait-ce même que le pressentiment de cette plénitude terrestre, est vraiment un extraordinaire poème, aux limites presque extérieures de la poésie d'Occident. Les bêtes, yeux grands ouverts, s'y avoisinent aux hommes parmi les fleurs et les arbres comme sur une mosaïque des premiers siècles, les couleurs y ont une phosphorescence qui fait songer à Runge, à Blake mais tout autant aux enluminures persanes qui disent le Paradis, — on est très près dans ces vers de ce que Corbin appelait le monde imaginal, la terre céleste. La douleur, qui n'avait pas été exprimée dans la poésie classique, et ne fut qu'employée par le romantisme, dans son théâtre du « moi », se révèle un des agents de cette alchimie que Baudelaire, qui admira Marceline, a étudiée à son tour mais sans tout à fait y atteindre, si lourd à remuer fut pour lui le terreau de l'art et du songe. Quant à la structure métrique, cette suite de distiques qui va d'un pas plus silencieux et confiant que le tercet de la même quête chez Dante, elle accède à ce vers de onze pieds que Verlaine et Rimbaud vont découvrir à leur tour, et chez précisément Marceline, comme une des voies majeures qui s'ouvrent à la parole au-delà des structures closes. — Et le rêve, le rêve comme tel, ce ferment de toute écriture mais cet ennemi de la poésie, s'affirme ici, et enfin, dans sa virtualité méconnue bien que la plus haute, qui est de ne plus servir le désir mais de travailler sur lui, de le délivrer

24

du leurre des satisfactions partielles, de lui montrer cet objet qu'il redoute autant qu'il désire, le tout, la terre en son unité. Le rêve est présent dans quelques grands textes de Marceline Desbordes-Valmore comme chez nul autre poète, sinon Nerval. Mais il y paraît sous un jour si différent de son emploi habituel en littérature qu'on voudrait qu'il y ait deux mots pour exprimer en français cette opposition qui est en fait une dialectique, deux mots comme, en anglais et justement chez Coleridge, imagination *et* fancy. *Ce rêve-ci, c'est la langue aux « nœuds desserrés », la présence sans liens sous sa robe de songes. C'est la réalité à son comble : l'incarnation.*

L'incarnation, — et voici donc retrouvé, à son point d'arrivée, le mouvement de l'esprit dont, m'avait-il semblé, on pouvait reconnaître l'origine dans un moment de la vie, celui qui décida de donner plutôt que d'attendre le don. Du point de vue de la théorie poétique on remarquera d'ailleurs que Marceline Desbordes-Valmore, qui ne prétendait nullement à la pensée, a cependant bien compris et même clairement désigné ces deux points, et l'élan qui de l'un à l'autre fonde, en somme, la poésie, en la dégageant des demi-teintes du rêve. Dans Avant toi, *le poème où elle dit son engagement, son courage à être, elle a écrit :*

J'inventais par le monde un chemin jusqu'à toi,

ce qui exprime déjà toute la difficulté de la tâche, toute l'ingéniosité d'âme que la journée terrestre rend nécessaire, mais elle ajoute aussitôt, d'une façon saisissante :

C'était loin, mais l'étoile allait, cherchait pour moi,
Et me frayait la terre où tu m'avais suivie,

ce qui du coup caractérise, et avec quelle force des mots — ces deux vers sont au faîte de notre langue — la finalité de recréation du monde, de transgression de l'antique Fatum, et de joie, de Noël sur terre (disait Rimbaud) qu'il y a dans la poésie. Marceline sait tout à fait que le poète serait, s'il ne se perdait pas en chemin, le nouveau roi mage, et non parce qu'il apporterait des trésors mais parce qu'il y renonce, devant la beauté plus haute, évidemment augurale, de la vie qui point dans le monde. Et qu'elle ne l'ait pas dit de façon plus appuyée ne signifie pas seulement qu'elle fut modeste, mais peut-être surtout qu'elle n'a jamais oublié que sur cette voie, où tant d'étapes sont des mirages, la parole de l'intellect n'a pas d'efficace particulière. Dans « Une plume de femme », la petite préface en forme de poème en prose qu'elle a donnée à ses Bouquets et prières, *de 1843, elle écrivait : « Courez, ma plume, courez : vous savez bien qui vous l'ordonne », ce qui semble indiquer d'abord plus de résolution que d'ambition littéraire, cette hâte n'étant, hélas, que sa destinée quotidienne, dans une vie surchargée de préoccupations et de drames ; et elle remarque aussi que son chant peut paraître faible, privé comme il en sera d'orchestration artistique ; mais elle rappelle alors que le chant du grillon semble peu de chose, bien que pourtant Dieu ait dit : « Laissez chanter mon grillon. » Pourquoi faut-il que le grillon chante ? Parce qu'il a sa place dans l'Univers, qui sans lui, en somme, ne serait pas. Le grillon n'est pas le miroir de l'Être, il n'exprime pas une subjectivité inquiète, il collabore à sa place infime à la création continuée du monde, et ainsi, indique par conséquent Marceline, peut faire sa propre plume de poète sans prétentions angéliques : ce qui n'est donc pas si inessentiel, tout de même, et demande même beaucoup à la poésie à venir, aussi discrète reste la voix qui fait cette suggestion.*

Laquelle va être méditée. Baudelaire a sûrement lu la préface de Bouquets de prières *puisqu'il en reprend le mot principal quand il caractérise Marceline Desbordes-Valmore par sa « plume fougueuse et inconsciente » dans l'étude si élogieuse qu'il lui consacre. Et il est donc frappant de voir que dans* Bohémiens en voyage, *qui suit de quelques années seulement la préface de Marceline — et aurait touché celle-ci comme l'expression imagée de sa condition d'existence, reparaît le grillon dans sa fonction symbolique :*

> Du fond de son réduit sablonneux, le grillon,
> Les regardant passer, redouble sa chanson ;
> Cybèle, qui les aime, augmente ses verdures

ce dernier vers exprimant de façon précise, en sa beauté sans égale, l'idée de ranimation ontologique, de reformation d'une terre, qu'on peut attacher à la poésie. — Mais quelque vingt-cinq ans après Bouquets et prières, que son auteur avait pensé un instant appeler Les Bruits dans l'herbe, un autre poète encore, et occupé pourtant d'un projet tout opposé, celui de substituer le langage à l'Être, d'atteindre à la Nature par une autre voie que le temps, d'abolir le lieu dans les mots, Stéphane Mallarmé, à Tournon, allant un jour par les champs, s'inquiétait lui aussi, curieusement, du grillon qu'il entendait dans les blés, et s'approchait de la même idée. « Hier [...], écrit-il, parmi les jeunes blés j'ai entendu cette voix sacrée de la terre ingénue, moins décomposée déjà que celle de l'oiseau, fils des arbres parmi de la nuit solaire, et qui a quelque chose des étoiles et de la lune, et un peu de mort ; mais combien plus une surtout que celle d'une femme, qui marchait et chantait devant moi, et dont la voix semblait transparente de mille mots dans lesquels elle vibrait — et pénétrée de néant ! Tant de bonheur qu'a la terre de ne pas être décomposée en matière et en esprit était dans ce son unique du grillon[7]. » La densité dans l'emploi des mots est ici, évidemment, bien plus grande que dans la prose cursive de Marceline. On sent dès cette note que l'écriture s'affirme dans sa prétention à un être propre, un être comme n'en peuvent avoir, pense Mallarmé, les créatures mortelles. Mais le langage va-t-il être capable de resynthétiser comme il faut ce que la perception, qui procède de l'existence, n'aborde que dans le morcellement, la dispersion, le différement infini ? La terre est une, les mots sont multiples, la parole en risque de rester, même chez un poète qui veut mourir à tout sauf l'esprit, subjective, « décomposée ». Autrement dit le grillon prend figure ici d'inaccessible limite. Solvant de la conscience inutile, ce chant d'aucune parole mais établi au centre même de ce qui est désigne la perfection que la poésie ne pourra sans

7. Mallarmé, *Correspondance, 1862-1871*, Paris, Gallimard, 1959, p. 250. Dans une lettre à Eugène Lefébure.

doute que désirer, qu'entrevoir... *Une telle voix, contemptrice de notre parole, est bien différente de celle que reconnaissait Marceline ; bien différente aussi de ce qu'a de proche des bohémiens, on pourrait dire de fraternel, la chanson du grillon de Baudelaire, encore que Mallarmé grandement admire et vienne juste de rappeler les vers de* Bohémiens en voyage. *Mais il est, du coup, remarquable qu'à mi-chemin entre cet écho, ce limpide écho, de l'en-soi du monde, et l'écoute paralysée qui s'angoisse chez Mallarmé, celui-ci ait placé cette femme qui marche et chante : et la dise « pénétrée de néant » comme lui, moins « une » que le grillon puisqu'elle est dans le langage, mais lui reconnaisse pourtant, comme en dépit de sa propre idée de la poésie, une transparence, une vibration, — un* naturel, *évidemment disparu des vers tendus d'Hérodiade. Cette autre voix a partie liée avec les chansons, celles de la vie simple, comme Sylvie chez Nerval, comme Marceline. Elle ne se cantonne pas, comme l'écriture mallarméenne, au plus aigu de la chanterelle, ayant à répéter des appels, à se prêter à des émotions, des tourments ou des espérances. Et l'on se prend à penser que celui qui concevait alors* Igitur *n'avait pas même besoin d'avoir Marceline à l'esprit pour signifier par cette figure en avant de lui, invisible peut-être, sur le chemin, dans les blés, une poétique qui soit, en profondeur, en puissance, celle du* Rêve d'une nuit triste, *et pour s'en inquiéter, aussi bien, pour y pressentir l'illusoire de sa propre pensée du Vers, du drame de l'Idée et du Livre : car Marceline Desbordes-Valmore revit — « pénétrée de néant », bien sûr — dans le moindre refrain qui exprime, avec la nécessaire naïveté, la nostalgie, qui donne relief au monde, le chagrin ou la joie qui le recolorent, et l'espérance qui fonde l'être.*

III

Quelques remarques, pour terminer, sur cette présence, et absence, de Marceline Desbordes-Valmore, sur sa place actuelle ou possible dans la poésie en français.

Et d'abord, sur ce qui témoigne dans sa poésie, et son destin de poète, pour cette condition féminine qu'elle a évoquée à plusieurs reprises, et notamment au début de sa vocation littéraire. Dans L'Atelier d'un peintre, *nous l'avons vu, elle s'était demandée de quelle façon elle pourrait, en tant que femme, devenir une artiste, accéder à l'ampleur d'une œuvre. Mais à la suivre à travers la sienne, nous avons constaté qu'elle ne cherchait pas à revendiquer pour son sexe une voix distincte. Si elle parle, constamment et profondément, d'événements qui la touchent en tant que femme, sa façon de les faire poésie, par l'oubli de soi, par l'amour, n'est pas spécifiquement féminine, et Baudelaire ou Rimbaud se retrouveront sur la même voie. A-t-elle révélé dans quelques poèmes la qualité encore furtive d'un rapport féminin au monde, c'est sans le chercher, en tout cas, et peut-être sans le savoir. Mais l'essentiel, c'est que ce qu'elle a accompli en poésie, ce qu'elle y a fait entendre, authentiquement, efficacement, ç'ait pu être ce qui, tout en étant le plus difficile — ce don de soi, ce renoncement au rêve — est aussi bien — et pour la même raison, car nos clôtures, nos rêves, sont masculins — ce qu'elle pouvait rejoindre sans se trahir en sa nature de femme. Étant simplement amour, n'élaborant plus l'objet du désir, qui ne s'échafaude que dans des mots qui se ferment, Marceline a pu vivre, et parler, sans empiéger la virtualité de son sexe — cette réserve de vérité — dans le langage de l'homme de son époque. Et ainsi et comme spontanément, sans théorie dans ce siècle où la théorie foisonnait, elle a résolu le problème que son héroïne s'était posé, dans* L'Atelier d'un peintre, *au seuil inquiet de la vie adulte. Elle ne s'est pas taillée dans la sensibilité qui semblait changer un royaume illusoire et éphémère de femme, elle est allée, en ses moments les plus forts, à cette place où paraissent, pour une désignation fugitive, les témoins de la finitude, accusateurs de la langue close. Démontrant ainsi, toutefois — et ce n'était pas inutile, même en ces temps romantiques —, que cette place de la poésie comme telle n'est pas inaccessible à une voix féminine, celle-ci serait-elle encore* aliénée de bien des façons, effrayée à bien des moments, dans la société où elle se cherche.

Cela dit, il faut d'autant plus se poser la question de son autre sorte de place, celle que la postérité devra finir par lui reconnaître, car les deux problèmes devraient certes n'en faire qu'un, et l'un explique peut-être la confusion où est l'autre. L'histoire littéraire ne sait pas trop que penser de l'œuvre de Marceline. Elle offre sans doute bien peu d'exemples, au moins sur des périodes si brèves, d'autant de moments d'oublis suivis d'autant de redécouvertes, dont l'enthousiasme va demeurer sans effets. À peine Desbordes-Valmore est-elle morte que Jules Janin trouve bon d'écrire qu'elle est déjà oubliée. Quand Baudelaire, deux ans plus tard, choisit de la présenter dans Les Poètes français, la grande anthologie qu'Eugène Crépet dirige, c'est pour relever ce défi, et il dit son admiration, qui est grande, et pénétrée d'affection, comme on engagerait une polémique. Mais l'indifférence prévaut encore et, dix ans plus tard, c'est Rimbaud qui doit révéler à Verlaine une œuvre presque inconnue. Proust, à la suite de Montesquiou, aime les poèmes de Marceline. Il leur prend le nom d'Albertine, et beaucoup de sa rêverie des jeunes filles « en fleurs ». Puis, tout un moment entre les deux guerres on en a lu quelques-uns — mais aujourd'hui ? L'œuvre manque chez les libraires, à peine s'il est resté de l'auteur des Roses de Saadi et de La Couronne effeuillée une vague idée de ces deux poèmes, avec l'harmonie d'un nom qui est peut-être trop beau. Pourquoi ces intermittences de l'intérêt, que n'explique pas l'indéniable inégalité des poèmes dans les recueils ? Car il n'est pas rare qu'il y ait beaucoup à rejeter chez un écrivain, et la critique n'est que trop heureuse de se charger de la tâche. Une des raisons est évidemment le dédain que ce poète éprouvait, plus que beaucoup d'autres, pour l'art, pour la perfection de la page, passé le vers où s'illimitait la vision : si bien qu'il est difficile, à qui cherche les pièces sans défauts, d'en acquérir ici un assez grand nombre.

Mais là n'est pas la cause la plus profonde de cette perte d'une œuvre, et je dirai pour ma part que si l'on n'a pas su reconnaître, même aujourd'hui, toute la qualité poétique de Marceline Desbordes-Valmore, c'est que l'on continue, pour des raisons de génération commune et de parentés de vocabulaire, à la lire à partir des propositions, des valeurs — et des réussites — du romantisme, lequel reste, en France surtout, le plus grand exemple de poésie profondément masculine, c'est-à-dire mythologique, c'est-à-dire fermée à ce dépassement de la forme close qu'elle a tentée, — et qu'il faut tenter. Romantique, si Marceline le fut, ce n'est guère qu'au sens où William Blake a pu l'être, ou un peu Wordsworth, mais qu'elle est différente de nos Hugo, Delacroix, Vigny qui eurent si peu le sens de la suffisance terrestre, l'un peuplant d'esprits la nature, l'autre la déclarant « insensible », et le peintre ne consentant d'y chercher que le dictionnaire de l'Idéal ! Que Marceline ait par contre une affinité très profonde avec Gérard de Nerval — lequel est reconnu, désormais, et durablement : mais c'est parce que sa quête est plus dialectique, traversant l'« Achéron » des mythes et des fantasmes —, oui, et je l'ai déjà suggéré, après bien d'autres critiques, mais c'est alors dans la perspective qui fait de l'auteur d'Aurélia, en direction de Proust et de notre temps, l'inventeur d'une « alchimie » des opacités et des transparences qui rompt avec l'illusion et les prétentions du moi, typiques du romantisme.

Et la vraie parenté de Marceline Desbordes-Valmore, sa ressemblance cette fois aussi marquée que diffuse sous les disparités de surface, c'est, dans la même ligne moderne, chez Rimbaud qu'il faut la chercher, — ce qui fait qu'on ne la comprendra bien, j'imagine, que quand on acceptera celui-ci, qu'on dénie à nouveau aujourd'hui encore par valorisation d'Illuminations, aux polysémies innombrables, à l'encontre de la parole directe d'Une saison en enfer. Quand Marceline dit que son étoile « frayait la terre », c'est tout à fait dans l'esprit, je l'ai déjà observé, de la poétique rimbaldienne la plus mûrie, celle précisément de ce dernier livre. Et quand elle crie son indignation, après la répression de la révolte lyonnaise — qu'elle avait vue de ses yeux, en 1834 —, c'est de façon si compassionnée, avec un sentiment si intense des êtres et des souffrances réels, qu'on pense à Rimbaud encore, celui de Paris se repeuple, bien plus qu'à quoi que ce soit de Hugo ou de Michelet, chez lesquels le mythe toujours l'emporte. Bien sûr, dans ces réactions les différences sont grandes, Rimbaud est entier et accusateur, Marceline en appelle à Dieu. Mais au moins parlent-ils tous deux de ce qui est, non de ce qu'on rêve, ils pourraient se comprendre, ils savent, eux presque seuls, que la poésie doit garder aux mots une valeur pour l'échange.

Et même la croyance de Marceline Desbordes-Valmore a-t-elle été si simplement, après tout, cette religion du péché, cette preuve de Dieu par la contrition — et ce recours pour rien contre l'injustice — que Rimbaud dénonçait, non sans de grandes raisons, dans le christianisme de son époque ? Quand il écrit Les Premières Communions, la violence de son propos, sa crudité, son attaque brutale contre le Christ auraient choqué Marceline, n'en doutons pas, pourquoi faut-il cependant que nous pensions à elle à l'écoute de ces vers mêmes, comme si nous sentions que sa voix demeurait présente dans ces accents de colère ? Mais n'est-ce pas elle, aussi bien, qui avait appris à Rimbaud la tendresse qui le rend si conscient du malheur de la jeune fille dont il parle — si averti aussi, notons-le, de la sensibilité féminine —, n'est-ce pas elle qui fut pour lui la « sœur de charité » ou, pour dire mieux, la vraie mère, celle qui lui donna pour un temps la capacité de l'espoir, celle à laquelle il aurait pu enseigner, éducateur en retour comme est l'enfant qui grandit, une critique plus résolue de la société politique ? Du point de vue du jugement sur le Christ, en tout cas, ils sont moins différents qu'on pourrait le croire. Marceline place très haut l'idée du Crucifié, du Sauveur, elle avait trop à attendre de la résurrection des morts pour se détacher de cette espérance. Mais lisons attentivement La Couronne effeuillée et Renoncement, les deux grands poèmes qu'elle a écrits aux derniers jours de son œuvre, et remarquons que le Christ, s'il y est invoqué, n'y occupe pas la première place, ou plutôt n'y est pas distinct, substantiellement, d'une présence plus vaste, comme si

32

la croyante qui venait là à son Dieu remontait par une intui-
tion de mystique au travers transparent de la Trinité. Le Fils
est bien l'interlocuteur, dans Renoncement, *puisque ce poème*
fait allusion à son amour pour sa mère. Mais ce même « Sei-
gneur » auquel Marceline s'adresse est aussi le Dieu créateur
qui a formé son visage, décidé de sa destinée, c'est donc égale-
ment et surtout le Père qui, dans La Couronne effeuillée, *est*
d'ailleurs nommé explicitement, comme s'il y était la seule per-
sonne.

Or, le Père, pour Marceline, ce ne peut être le Juge, ni la
Loi, ce ne peut être même celui qui, serait-ce pour en détruire
l'effet, aurait accepté l'ombre d'un instant l'idée d'une culpabi-
lité, d'une faute. Si elle fut poète, grâce à cette adhésion à une
terre, à un lieu, qui lui est restée de l'enfance, c'est en plaçant
au milieu de ces souvenirs, comme leur source et même leur
preuve, une figure de père[8]. *Son père l'avait aimée. Elle s'était*
sentie « portée » par lui, dans la beauté des blés et des bois qui
lui en paraissait augurale, elle s'était sue reconnue par ce
regard — cette voix — autant qu'on peut l'être quand on n'est
qu'un enfant encore : ce qui lui donna l'espérance d'une autre
reconnaissance, à l'âge d'un autre amour, mais lui assura
peut-être aussi bien la force, au moment de la déception, de
persister dans la vie. C'est la présence d'un père qui l'a encou-
ragée à « frayer » la terre, sous l'étoile. Et quand la vieillesse et
le deuil lui font chercher hors du monde ce qu'elle attendait

8. « *Il ressemblait à Dieu* », lit-on dans *Tristesse*. «*Je crois toujours tomber*
hors des bras paternels/ Et ne sais où nouer mes liens éternels », est-il précisé
dans *Sol natal*. Dans *Ma fille* :

> *Le champ, le plus beau champ que renfermât la terre,*
> *Furent les blés bordant la maison de mon père,*
> *Où je dansais, volage, en poursuivant du cœur*
> *Un rêve qui criait : « Bonheur ! bonheur ! bonheur ! »*

écrit Marceline. Et dans le *Rêve intermittent d'une nuit triste* elle pronon-
ce le maître-mot de cette relation en mémoire :

> *Échos tout vibrants de la voix de mon père*
> *Qui chantait pour tous : Espère ! espère ! espère !*

encore de « vrais bosquets » pour Ondine, avoir recours au mot « père » ne peut signifier à nouveau que la solidarité instinctive, le don réciproque, le pur amour. Dans La Couronne effeuillée le Dieu qui sort de parmi les arbres n'est plus celui qui aurait chassé du Jardin Adam et Ève. On le sent transcendant au Fils, qui n'est venu que par l'idée de la Faute. Et voici donc ébauchée, dans notre conscience incomplète, une pensée qui n'est pas si loin qu'il y paraissait de la « tendresse réelle » et de la « vigueur » que Rimbaud annonce, à la dernière page d'Une saison en enfer.

YVES BONNEFOY

Poésies

(1830)

SON IMAGE

Elle avait fui de mon âme offensée ;
Bien loin de moi je crus l'avoir chassée :
Toute tremblante, un jour, elle arriva,
Sa douce image, et dans mon cœur rentra :
Point n'eus le temps de me mettre en colère ;
Point ne savais ce qu'elle voulait faire ;
Un peu trop tard mon cœur le devina.

Sans prévenir, elle dit : "Me voilà !
"Ce cœur m'attend. Par l'Amour, que j'implore,
"Comme autrefois j'y viens régner encore."
Au nom d'amour ma raison se troubla :
Je voulus fuir, et tout mon corps trembla.
Je bégayai des plaintes au perfide ;
Pour me toucher il prit un air timide ;
Puis à mes pieds en pleurant, il tomba.
J'oubliai tout dès que l'Amour pleura.

LA NUIT D'HIVER

Qui m'appelle à cette heure, et par le temps qu'il fait ?
C'est une douce voix, c'est la voix d'une fille :
Ah ! je te reconnais ; c'est toi, Muse gentille !
          Ton souvenir est un bienfait.
Inespéré retour ! aimable fantaisie !
Après un an d'exil qui t'amène vers moi ?
Je ne t'attendais plus, aimable Poésie ;
Je ne t'attendais plus, mais je rêvais à toi.

Loin du réduit obscur où tu viens de descendre,
L'amitié, le bonheur, la gaieté, tout a fui :
Ô ma Muse ! est-ce toi que j'y devais attendre ?
Il est fait pour les pleurs et voilé par l'ennui.
Ce triste balancier, dans son bruit monotone,
Marque d'un temps perdu l'inutile lenteur ;
Et j'ai cru vivre un siècle, enfin, quand l'heure sonne,
          Vide d'espoir et de bonheur.

L'hiver est tout entier dans ma sombre retraite :
          Quel temps as-tu daigné choisir ?
    Que doucement par toi j'en suis distraite !
Oh ! quand il nous surprend, qu'il est beau le plaisir !
D'un foyer presque éteint la flamme salutaire
Par intervalle encor trompe l'obscurité ;

Si tu veux écouter ma plainte solitaire,
        Nous causerons à sa clarté.

  Petite Muse, autrefois vive et tendre,
Dont j'ai perdu la trace au temps de mes malheurs,
As-tu quelque secret pour charmer les douleurs ?
Viens ! nul autre que toi n'a daigné me l'apprendre.
Écoute ! nous voilà seules dans l'univers,
        Naïvement je vais vous dire :
J'ai rencontré l'Amour, il a brisé ma lyre ;
Jaloux d'un peu de gloire, il a brûlé mes vers.

"Je t'ai chanté, lui dis-je, et ma voix, faible encore,
Dans ses premiers accents parut juste et sonore :
Pourquoi briser ma lyre ? elle essayait ta loi.
Pourquoi brûler mes vers ? je les ai faits pour toi.
Si des jeunes amants tu troubles le délire,
Cruel, tu n'auras plus de fleurs dans ton empire ;
Il en faut à mon âge, et je voulais, un jour,
M'en parer pour te plaire, et te los rendre, Amour.
Déjà je te formais une simple couronne,
Fraîche, douce en parfums. Quand un cœur pur la
Peux-tu la dédaigner ? Je te l'offre à genoux ; [donne,
Souris à mon orgueil et n'en sois point jaloux.
Je n'ai jamais senti cet orgueil pour moi-même ;
Mais il dit mon secret, mais il prouve que j'aime.
Eh bien ! fais le partage en généreux vainqueur :
Amour, pour toi la gloire, et pour moi le bonheur.
C'est un bonheur d'aimer, c'en est un de le dire.
Amour, prends ma couronne, et laisse-moi ma lyre ;
Prends mes vœux, prends ma vie ; enfin, prends tout,
Mais laisse-moi chanter au pied de ton autel." [cruel !

  Et lui : "Non, non ! Ta prière me blesse ;
Dans le silence, obéis à ma loi :

Tes yeux en pleurs, plus éloquents que toi,
Révéleront assez ma force et ta faiblesse."

Muse, voilà le ton de ce maître si doux.
Je n'osai lui répondre, et je versai des larmes ;
Je sentis ma blessure, et je maudis ses armes.
Pauvre lyre ! je fus muette comme vous !

L'ingrat ! il a puni jusques à mon silence.
        Lassée enfin de sa puissance,
Muse, je te redonne et mes vœux et mes chants.
Viens leur prêter ta grâce, et rends-les plus touchants.
Mais tu pâlis, ma chère, et le froid t'a saisie !
C'est l'hiver qui t'opprime et ternit tes couleurs.
Je ne puis t'arrêter, charmante Poésie ;
Adieu ! tu reviendras dans la saison des fleurs.

ÉLÉGIE

Toi qui m'as tout repris jusqu'au bonheur d'attendre,
Tu m'as laissé pourtant l'aliment d'un cœur tendre,
L'amour ! et ma mémoire où se nourrit l'amour :
Je lui dois le passé ; c'est presque ton retour !
C'est là que tu m'entends, c'est là que je t'adore ;
C'est là que sans fierté je me révèle encore.
Ma vie est dans ce rêve où tu ne fuis jamais :
Il a ta voix ; ta voix ! tu sais si je l'aimais !
C'est là que je te plains ; car plus d'une blessure,
Plus d'une gloire éteinte a troublé, j'en suis sûre,
Ton cœur, si généreux pour d'autres que pour moi :
Je t'ai senti gémir ; je pleurais avec toi !

Qui donc saura te plaindre au fond de ta retraite,
Quand le cri de ma mort ira frapper ton sein ?
Tu t'éveilleras seul dans la foule distraite,
Où des amis d'un jour s'entr'égare l'essaim ;
Tu n'y sentiras plus une âme palpitante
Au bruit de tes malheurs, de tes moindres revers ;
Ta vie, après ma mort, sera moins éclatante ;
Une part de toi-même aura fui l'univers.
Il est doux d'être aimé ! Cette croyance intime
Donne à tout on ne sait quel air d'enchantement ;
L'infidèle est content des pleurs de sa victime ;
Et, fier, aux pieds d'une autre il en est plus charmant.

41

L'as-tu dit ?... Oui, cruel, oui, je crois tout possible ;
Je te pardonne tout, sois heureux, tout est bien :
Le ciel qui t'avait fait pour me rendre sensible,
Oublia que pour plaire il ne me donnait rien.
Et je fuis ; je t'échappe au milieu de tes fêtes,
   Où tant de vœux ont divisé nos pas !
   L'éloignement, triste bienfait, hélas !
   Semble un rideau jeté sur tes conquêtes.
   Je n'entends plus ces déchirantes voix,
Qui vont chercher des pleurs jusques au fond des
Ces mots inachevés, qui m'ont dit tant de fois [âmes ;
   Les noms changeants de tes errantes flammes :
   Je les sais tous ! ils ont brisé mes vœux ;
Mais je n'étouffe plus dans mon incertitude :
Nous mourrons désunis ; n'est-ce pas, tu le veux ?
Pour t'oublier, viens voir !... qu'ai-je dit ? vaine étude,
Où la nature apprend à surmonter ses cris :
Pour déguiser mon cœur, que m'avez-vous appris ?
La vérité s'élance à mes lèvres sincères :
Sincère, elle t'appelle, et tu ne l'entends pas !
Ah ! sans t'avoir troublé qu'elle meure tout bas !
Je ne sais point m'armer de froideurs mensongères ;
Je sais fuir : en fuyant on cache sa douleur,
   Et la fatigue endort jusqu'au malheur.
Oui, plus que toi l'absence est douce aux cœurs
                    [fidèles :
Du temps qui nous effeuille elle amortit les ailes ;
Son voile a protégé l'ingrat qu'on veut chérir :
On ose aimer encore ; on ne veut plus mourir.

ÉLÉGIE

J'étais à toi peut-être avant de t'avoir vu.
Ma vie, en se formant, fut promise à la tienne ;
Ton nom m'en avertit par un trouble imprévu,
Ton âme s'y cachait pour éveiller la mienne.
Je l'entendis un jour et je perdis la voix ;
Je l'écoutai longtemps, j'oubliai de répondre.
Mon être avec le tien venait de se confondre ;
Je crus qu'on m'appelait pour la première fois.
Savais-tu ce prodige ? Eh bien, sans te connaître,
J'ai deviné par lui mon amant et mon maître,
Et je le reconnus dans tes premiers accents,
Quand tu vins éclairer mes beaux jours languissants.
Ta voix me fit pâlir, et mes yeux se baissèrent ;
Dans un regard muet nos âmes s'embrassèrent ;
Au fond de ce regard ton nom se révéla,
Et sans le demander j'avais dit : Le voilà !
Dès lors il ressaisit mon oreille étonnée ;
Elle y devint soumise, elle y fut enchaînée.
J'exprimais par lui seul mes plus doux sentiments ;
Je l'unissais au mien pour signer mes serments.
Je le lisais partout, ce nom rempli de charmes,
                    Et je versais des larmes :
D'un éloge enchanteur toujours environné,
À mes yeux éblouis il s'offrait couronné.

Je l'écrivais... bientôt je n'osai plus l'écrire,
Et mon timide amour le changeait en sourire.
Il me cherchait la nuit, il berçait mon sommeil ;
Il résonnait encore autour de mon réveil ;
Il errait dans mon souffle, et, lorsque je soupire,
C'est lui qui me caresse et que mon cœur respire.
Nom chéri ! nom charmant ! oracle de mon sort !
Hélas ! que tu me plais, que ta grâce me touche !
Tu m'annonças la vie, et, mêlé dans la mort,
Comme un dernier baiser tu fermeras ma bouche.

ÉLÉGIE

Je m'ignorais encor, je n'avais pas aimé.
L'amour ! si ce n'est toi, qui pouvait me l'apprendre ?
À quinze ans, j'entrevis un enfant désarmé ;
   Il me parut plus folâtre que tendre :
   D'un trait sans force il effleura mon cœur ;
   Il fut léger comme un riant mensonge ;
Il offrait le plaisir, sans parler de bonheur :
   Il s'envola. Je ne perdis qu'un songe.

Je l'ai vu dans tes yeux cet invincible amour,
Dont le premier regard trouble, saisit, enflamme,
Qui commande à nos sens, qui s'attache à notre âme,
    Et qui l'asservit sans retour.
    Cette félicité suprême,
    Cet entier oubli de soi-même,
    Ce besoin d'aimer pour aimer,
Et que le mot amour semble à peine exprimer,
Ton cœur seul le renferme, et le mien le devine ;
Je sens à tes transports, à ma fidélité,
Qu'il veut dire à la fois, bonheur, éternité,
    Et que sa puissance est divine.

ÉLÉGIE

Ma sœur, il est parti ! ma sœur, il m'abandonne !
Je sais qu'il m'abandonne, et j'attends, et je meurs,
Je meurs. Embrasse-moi, pleure pour moi...
                                        [pardonne...
Je n'ai pas une larme, et j'ai besoin de pleurs.
Tu gémis ? Que je t'aime ! Oh ! jamais le sourire
Ne te rendit plus belle aux plus beaux de nos jours.
Tourne vers moi les yeux, si tu plains mon délire ;
Si tes yeux ont des pleurs, regarde-moi toujours.
Mais retiens tes sanglots ; il m'appelle, il me touche ;
Son souffle en me cherchant vient d'effleurer ma
                                        [bouche.
Laisse, tandis qu'il brûle et passe autour de nous,
Laisse-moi reposer mon front sur tes genoux.

Écoute ! ici, ce soir, à moi-même cachée,
Je ne sais quelle force attirait mon ennui :
Ce n'était plus son ombre à mes pas attachée,
            Oh ! ma sœur, c'était lui !
C'était lui, mais changé, mais triste. Sa voix tendre
Avait pris des accents inconnus aux mortels,
Plus ravissants, plus purs, comme on croit les
                                        [entendre
Quand on rêve des cieux aux pieds des saints autels.

Il parlait, et ma vie était près de s'éteindre.
L'étonnement, l'effroi, ce doux effroi du cœur,
M'enchaînait devant lui. Je l'écoutais se plaindre,
Et, mourante pour lui, je plaignais mon vainqueur.
Il parlait, il rendait la nature attentive ;
Tout se taisait. Des vents l'haleine était captive ;
Du rossignol ému le chant semblait mourir ;
On eût dit que l'eau même oubliait de courir.

Hélas ! qu'avait-il fait alors pour me déplaire ?
    Il gémissait, me cherchait comme toi.
        Non, je n'avais plus de colère,
Il n'était plus coupable, il était devant moi.

Sais-tu ce qu'il m'a dit ? des reproches... des larmes...
        Il sait pleurer, ma sœur !
Ô Dieu ! que sur son front la tristesse a de charmes !
Que j'aimais de ses yeux la brûlante douceur !
Sa plainte m'accusait ; le crime... je l'ignore :
J'ai fait pour l'expliquer des efforts superflus.
Ces mots seuls m'ont frappée, il me les crie encore :
        "Je ne te verrai plus !"

Et je l'ai laissé fuir, et ma langue glacée
A murmuré son nom qu'il n'a pas entendu ;
Et sans saisir sa main ma main s'est avancée,
Et mon dernier adieu dans les airs s'est perdu.

ÉLÉGIE

Peut-être un jour sa voix tendre et voilée
M'appellera sous de jeunes cyprès :
Cachée alors au fond de la vallée,
Plus heureuse que lui, j'entendrai ses regrets.
Lentement, des coteaux je le verrai descendre ;
Quand il croira ses pas et ses vœux superflus,
Il pleurera ! ses pleurs rafraîchiront ma cendre ;
Enchaînée à ses pieds, je ne le fuirai plus.
Je ne le fuirai plus ! je l'entendrai ; mon âme,
Brûlante autour de lui, voudra sécher ses pleurs ;
Et ce timide accent, qui trahissait ma flamme,
Il le reconnaîtra dans le doux bruit des fleurs.
Oh ! qu'il trouve un rosier mourant et solitaire !
Qu'il y cherche mon souffle et l'attire en son sein !
Qu'il dise : "C'est pour moi qu'il a quitté la terre ;
"Ses parfums sont à moi, ce n'est plus un larcin."
Qu'il dise : "Un jour à peine il a bordé la rive ;
"Son vert tendre égayait le limpide miroir ;
"Et ses feuilles déjà, dans l'onde fugitive,
"Tombent. Faible rosier, tu n'as pas vu le soir !"
Alors, peut-être, alors l'hirondelle endormie,
À la voix d'un amant qui pleure son amie,
S'échappera du sein des parfums précieux,
Emportant sa prière et ses larmes aux cieux.

Alors, rêvant aux biens que ce monde nous donne,
Il laissera tomber sur le froid monument
Les rameaux affligés dont la gloire environne
          Son front triste et charmant.

Alors je resterai seule, mais consolée,
Les vents respecteront l'empreinte de ses pas.
Déjà je voudrais être au fond de la vallée ;
Déjà je l'attendrais... Dieu ! s'il n'y venait pas !

PRIÈRE POUR LUI

Dieu ! créez à sa vie un objet plein de charmes,
Une voix qui réponde aux secrets de sa voix !
Donnez-lui du bonheur, Dieu ! donnez-lui des larmes ;
Du bonheur de le voir j'ai pleuré tant de fois !

J'ai pleuré, mais ma voix se tait devant la sienne ;
Mais tout ce qu'il m'apprend, lui seul l'ignorera ;
Il ne dira jamais : "Soyons heureux, sois mienne !"
L'aimera-t-elle assez celle qui l'entendra ?

Celle à qui sa présence ira porter la vie,
Qui sentira son cœur l'atteindre et la chercher ;
Qui ne fuira jamais, bien qu'à jamais suivie,
Et dont l'ombre à la sienne osera s'attacher ?

Ils ne feront qu'un seul, et ces ombres heureuses
Dans les clartés du soir se confondront toujours ;
Ils ne sentiront pas d'entraves douloureuses
Désenchaîner leurs nuits, désenchanter leurs jours !

Qu'il la trouve demain ! Qu'il m'oublie et l'adore !
Demain ; à mon courage il reste peu d'instants.
Pour une autre aujourd'hui je peux prier encore :
Mais... Dieu ! vous savez tout ; vous savez s'il est temps !

SOUVENIR

Quand il pâlit un soir, et que sa voix tremblante
S'éteignit tout à coup dans un mot commencé ;
Quand ses yeux, soulevant leur paupière brûlante,
Me blessèrent d'un mal dont je le crus blessé ;
Quand ses traits plus touchants, éclairés d'une flamme
              Qui ne s'éteint jamais,
S'imprimèrent vivants dans le fond de mon âme ;
              Il n'aimait pas, j'aimais !

SOUVENIR

Son image, comme un songe,
Partout s'attache à mon sort ;
Dans l'eau pure où je me plonge
Elle me poursuit encor :
Je me livre en vain, tremblante,
À sa mobile fraîcheur,
L'image toujours brûlante
Se sauve au fond de mon cœur.

Pour respirer de ses charmes
Si je regarde les cieux,
Entre le ciel et mes larmes,
Elle voltige à mes yeux,
Plus tendre que le perfide,
Dont le volage désir
Fuit comme le flot limpide
Que ma main n'a pu saisir.

LE SECRET

Dans la foule, Olivier, ne viens plus me surprendre ;
Sois là, mais sans parler, tâche de me l'apprendre :
Ta voix a des accents qui me font tressaillir !
Ne montre pas l'amour que je ne puis te rendre,
D'autres yeux que les tiens me regardent rougir.

Se chercher, s'entrevoir, n'est-ce pas tout se dire ?
Ne me demande plus, par un triste sourire,
Le bouquet qu'en dansant je garde malgré moi :
Il pèse sur mon cœur quand mon cœur le désire,
Et l'on voit dans mes yeux qu'il fut cueilli pour toi.

Lorsque je m'enfuirai, tiens-toi sur mon passage ;
Notre heure pour demain, les fleurs de mon corsage,
Je te donnerai tout avant la fin du jour :
Mais puisqu'on n'aime pas lorsque l'on est bien sage,
Prends garde à mon secret, car j'ai beaucoup
                                        [d'amour !

S'IL L'AVAIT SU

S'il avait su quelle âme il a blessée,
Larmes du cœur, s'il avait pu vous voir,
Ah ! si ce cœur, trop plein de sa pensée,
De l'exprimer eût gardé le pouvoir,
Changer ainsi n'eût pas été possible ;
Fier de nourrir l'espoir qu'il a déçu :
À tant d'amour il eût été sensible,
   S'il avait su.

S'il avait su tout ce qu'on peut attendre
D'une âme simple, ardente et sans détour,
Il eût voulu la mienne pour l'entendre,
Comme il l'inspire, il eût connu l'amour.
Mes yeux baissés recelaient cette flamme ;
Dans leur pudeur n'a-t-il rien aperçu ?
Un tel secret valait toute son âme,
   S'il l'avait su.

Si j'avais su, moi-même, à quel empire
On s'abandonne en regardant ses yeux,
Sans le chercher comme l'air qu'on respire,
J'aurais porté mes jours sous d'autres cieux.
Il est trop tard pour renouer ma vie,
Ma vie était un doux espoir déçu.
Diras-tu pas, toi qui me l'as ravie,
   Si j'avais su !

SANS L'OUBLIER

Sans l'oublier, on peut fuir ce qu'on aime,
On peut bannir son nom de ses discours,
Et, de l'absence implorant le secours,
Se dérober à ce maître suprême,
       Sans l'oublier !

Sans l'oublier, j'ai vu l'eau, dans sa course,
Porter au loin la vie à d'autres fleurs ;
Fuyant alors le gazon sans couleurs,
J'imitai l'eau fuyant loin de la source,
       Sans l'oublier !

Sans oublier une voix triste et tendre,
Oh ! que de jours j'ai vus naître et finir !
Je la redoute encor dans l'avenir :
C'est une voix que l'on cesse d'entendre,
       Sans l'oublier !

JE NE SAIS PLUS, JE NE VEUX PLUS

Je ne sais plus d'où naissait ma colère ;
Il a parlé... ses torts sont disparus ;
Ses yeux priaient, sa bouche voulait plaire :
Où fuyais-tu, ma timide colère ?
　　　　Je ne sais plus.

Je ne veux plus regarder ce que j'aime ;
Dès qu'il sourit, tous mes pleurs sont perdus ;
En vain, par force ou par douceur suprême,
L'amour et lui veulent encor que j'aime ;
　　　　Je ne veux plus.

Je ne sais plus le fuir en son absence,
Tous mes serments alors sont superflus.
Sans me trahir, j'ai bravé sa présence ;
Mais sans mourir supporter son absence,
　　　　Je ne sais plus !

LES DEUX AMITIÉS

À mon amie, Albertine Gantier

Il est deux Amitiés comme il est deux Amours.
    L'une ressemble à l'imprudence ;
Faite pour l'âge heureux dont elle a l'ignorance,
    C'est une enfant qui rit toujours.
    Bruyante, naïve, légère,
    Elle éclate en transports joyeux.
Aux préjugés du monde indocile, étrangère,
Elle confond les rangs et folâtre avec eux.
    L'instinct du cœur est sa science,
    Et son guide est la confiance.
    L'enfance ne sait point haïr ;
    Elle ignore qu'on peut trahir.
Si l'ennui dans ses yeux (on l'éprouve à tout âge)
      Fait rouler quelques pleurs,
L'Amitié les arrête, et couvre ce nuage
      D'un nuage de fleurs.
On la voit s'élancer près de l'enfant qu'elle aime,
Caresser la douleur sans la comprendre encor,
Lui jeter des bouquets moins riants qu'elle-même,
L'obliger à la fuite et reprendre l'essor.
      C'est elle, ô ma première amie !
Dont la chaîne s'étend pour nous unir toujours.

Elle embellit par toi l'aurore de ma vie,
Elle en doit embellir encor les derniers jours.
                    Oh ! que son empire est aimable !
                    Qu'il répand un charme ineffable
                    Sur la jeunesse et l'avenir,
                    Ce doux reflet du souvenir !
                    Ce rêve pur de notre enfance
                    En a prolongé l'innocence ;
        L'Amour, le temps, l'absence, le malheur,
Semblent le respecter dans le fond de mon cœur.
Il traverse avec nous la saison des orages,
Comme un rayon du ciel qui nous guide et nous luit ;
                    C'est, ma chère, un jour sans nuages
                    Qui prépare une douce nuit.

        L'autre Amitié, plus grave, plus austère,
Se donne avec lenteur, choisit avec mystère ;
Elle observe en silence et craint de s'avancer ;
Elle écarte les fleurs, de peur de s'y blesser.
Choisissant la raison pour conseil et pour guide,
Elle voit par ses yeux et marche sur ses pas :
Son abord est craintif, son regard est timide ;
                    Elle attend, et ne prévient pas.

LE BOUQUET SOUS LA CROIX

D'où vient-il ce bouquet oublié sur la pierre ?
Dans l'ombre, humide encor de rosée, ou de pleurs,
Ce soir, est-il tombé des mains de la prière ?
Un enfant du village a-t-il perdu ces fleurs ?

Ce soir, fut-il laissé par quelque âme pensive
Sous la croix où s'arrête un pauvre voyageur ?
Est-ce d'un fils errant la mémoire naïve
Qui d'une pâle rose y cacha la blancheur ?

De nos mères partout nous suit l'ombre légère ;
Partout l'amitié prie et rêve à l'amitié ;
Le pèlerin souffrant sur la route étrangère
Offre à Dieu ce symbole, et croit en sa pitié !

Solitaire bouquet, ta tristesse charmante
Semble avec tes parfums exhaler un regret.
Peut-être es-tu promis au songe d'une amante :
Souvent dans une fleur l'amour a son secret !

Et moi j'ai rafraîchi les pieds de la Madone
De lilas blancs, si chers à mon destin rêveur ;
Et la Vierge sait bien pour qui je les lui donne :
Elle entend la pensée au fond de notre cœur !

À MES SŒURS

J'étais enfant, l'enfance est écouteuse ;
Sur notre beau navire emporté par les vents,
Entre le ciel et l'onde et nos destins mouvants,
Les vieux marins charmaient la route aventureuse ;
Le soir sous le grand mât circulaient leurs récits :
Je n'avais plus de peur alors qu'entre eux assis
Des voyages lointains ils commençaient l'histoire.
Ils ne mentaient jamais, je veux toujours le croire ;
Et, quand l'heure avec nous s'envolait sur les flots,
On appelait en vain, parmi les matelots,
Un jeune passager dont la vue attentive
Poursuivait tristement la vague fugitive :
On eût dit que si jeune, et si triste, et si beau,
Sur cette route humide il voyait un tombeau.

Un soir que le vaisseau, bondissant sous ses voiles,
Formait un long sentier tout scintillant d'étoiles,
En regardant s'ouvrir ce sillage éclatant,
Je disais : Conduit-il au bonheur qui m'attend ?
Je croyais qu'une fée, en épurant les ondes,
Pour tracer au navire un lumineux chemin,
Brûlait des lampes d'or sous les vagues profondes ;
Et moi, pour l'en bénir, je lui tendais la main.

60

À mes yeux fascinés la belle Néréide
Errait, sans se mouiller, dans son palais humide ;
Je voyais son front calme orné de diamants,
Et dans le frais cristal glisser ses pieds charmants.
Je tressaillais de crainte, et de joie, et d'envie ;
J'aurais voulu près d'elle aller passer ma vie :
Car je rêvais encor ces contes qu'autrefois,
Pour m'endormir, ma mère enchantait de sa voix !
Peut-être à mon berceau quelque aimable marraine
D'un talisman secret avait doté mon sort ;
Peut-être que des flots elle était souveraine,
Et que ses doux regards me protégeaient encor...
Un soupir dissipa la scène de féerie :
Le jeune homme sur l'onde était aussi penché ;
Je me souvins alors que je l'avais cherché,
Et que l'on m'envoyait troubler sa rêverie ;
Car déjà le soleil s'éteignait dans les flots,
Et les récits du soir charmaient les matelots.

"Viens, lui dis-je, on t'attend. Vois ! la mer est tranquille ;
Il faut conter : pourquoi ne parles-tu jamais ?
Des joyeux passagers quelle douleur t'exile ?
Pleures-tu ton pays ? eh bien ! si tu l'aimais,
Viens en parler longtemps. Moi, j'ai quitté la France,
Mais j'en parle, et la plainte éveille l'espérance.
Vois-tu : le même ciel nous aime et nous conduit ;
L'étoile qui m'éclaire est celle qui te luit ;
Sa lueur au navire annonce un vent prospère,
Et moi, je reverrai la maison de mon père !
Toi, n'as-tu pas un père ? et n'est-ce pas pour lui
Que l'on t'a vu prier en pleurant aujourd'hui ?
Ne pleure plus. Écoute ! on chante au bruit des ondes !
Que cet air est charmant ! c'est un écho français ;
Dans nos humbles vallons que je le chérissais !
Viens l'apprendre : il t'appelle, il faut que tu

                        [répondes."

Et le jeune inconnu, moins farouche à ma voix,
Vint au cercle conteur prendre place une fois.

Ce qui m'a fait pleurer, jamais je ne l'oublie :
C'est un songe du cœur, il survit au réveil.
Si le charme en pouvait deux fois être pareil,
Mes sœurs, je vous dirais, dans sa mélancolie,
Ce songe, qu'en parlant j'écoute encor tout bas ;
Mais il est des accents que l'on n'imite pas !

LE VER LUISANT

Juin parfumait la nuit, et la nuit transparente
N'était qu'un voile frais étendu sur les fleurs :
L'insecte lumineux, comme une flamme errante,
Jetait avec orgueil ses mobiles lueurs.

"J'éclaire tout, dit-il, et jamais la Nature
N'a versé tant d'éclat sur une créature !
Tous ces vers roturiers qui rampent au grand jour,
Celui qui dans la soie enveloppe sa vie,
Cette plèbe des champs, dont j'excite l'envie,
Me fait pitié, me nuit dans mon vaste séjour.
Nés pour un sort vulgaire et des soins insipides,
Immobiles et froids comme en leurs chrysalides,
La nuit, sur les gazons, je les vois sommeiller :
Moi, lampe aventureuse, au loin on me devine ;
Étincelle échappée à la source divine,
      Je n'apparais que pour briller.

"Sans me brûler, j'allume un phare à l'espérance ;
De mes jeunes époux il éveille l'amour ;
Sur un trône de fleurs, belles de ma présence,
J'attire mes sujets, j'illumine ma cour.

"Et ces feux répandus dans de plus hautes sphères,
Ces diamants rangés en phares gracieux,
    Ce sont assurément mes frères
    Qui se promènent dans les cieux.
Les rois qui dorment mal charment leur insomnie
À regarder courir ces légers rayons d'or ;
Au sein de l'éclatante et nocturne harmonie,
    C'est moi qu'ils admirent encor :
Leur grandeur en soupire, et rien dans leur couronne
N'offre l'éclat vivant dont seul je m'environne !"

Ainsi le petit ver se délectait d'orgueil ;
Il brillait. Philomèle, à sa flamme attentive,
    Interrompt son hymne de deuil
    Que le soir rendait plus plaintive :
Jalouse, ou rappelant quelque exilé chéri,
Mélodieuse encor dans son inquiétude,
Amante de ses pleurs et de la solitude,
Elle épuisait son cœur d'un lamentable cri.
N'ayant de tout le jour cherché la moindre proie,
    Par instinct, sans projet, sans joie,
    Elle descend à la lueur
    Qui sert de fanal pour l'atteindre ;
Et, sans même goûter de plaisir à l'éteindre,
S'en nourrit, pour chanter plus longtemps sa douleur.

LA JEUNE CHÂTELAINE

"Je vous défends, châtelaine,
De courir seule au grand bois."
M'y voici, tout hors d'haleine,
Et pour la seconde fois.
J'aurais manqué de courage
Dans ce long sentier perdu ;
Mais que j'en aime l'ombrage !
Mon seigneur l'a défendu.

"Je vous défends, belle mie.
Ce rondeau vif et moqueur."
Je n'étais pas endormie
Que je le savais par cœur.
Depuis ce jour je le chante ;
Pas un refrain n'est perdu :
Dieu ! que ce rondeau m'enchante !
Mon seigneur l'a défendu.

"Je vous défends sur mon page
De jamais lever les yeux."
Et voilà que son image
Me suit, m'obsède en tous lieux.
Je l'entends qui, par mégarde,
Au bois s'est aussi perdu :

D'où vient que je le regarde ?
Mon seigneur l'a défendu.

Mon seigneur défend encore
Au pauvre enfant de parler ;
Et sa voix douce et sonore
Ne dit plus rien sans trembler.
Qu'il doit souffrir de se taire !
Pour causer quel temps perdu !
Mais, mon page, comment faire ?
Mon seigneur l'a défendu.

L'AMOUR

Vous demandez si l'amour rend heureuse ;
Il le promet, croyez-le, fût-ce un jour.
Ah ! pour un jour d'existence amoureuse,
Qui ne mourrait ? la vie est dans l'amour.

Quand je vivais tendre et craintive amante,
Avec ses feux je peignais ses douleurs :
Sur son portrait j'ai versé tant de pleurs,
Que cette image en paraît moins charmante.

Si le sourire, éclair inattendu,
Brille parfois au milieu de mes larmes,
C'était l'amour ; c'était lui, mais sans armes ;
C'était le ciel... qu'avec lui j'ai perdu.

Sans lui, le cœur est un foyer sans flamme ;
Il brûle tout, ce doux empoisonneur.
J'ai dit bien vrai comme il déchire une âme :
Demandez-donc s'il donne le bonheur !

Vous le saurez : oui, quoi qu'il en puisse être,
De gré, de force, amour sera le maître ;
Et, dans sa fièvre alors lente à guérir,
Vous souffrirez, ou vous ferez souffrir.

Dès qu'on l'a vu, son absence est affreuse ;
Dès qu'il revient, on tremble nuit et jour ;
Souvent enfin la mort est dans l'amour ;
Et cependant... oui, l'amour rend heureuse !

LE DERNIER RENDEZ-VOUS

Mon seul amour ! embrasse-moi.
Si la mort me veut avant toi,
Je bénis Dieu ; tu m'as aimée !
Ce doux hymen eut peu d'instants :
Tu vois ; les fleurs n'ont qu'un printemps,
Et la rose meurt embaumée.
Mais quand, sous tes pieds renfermée,
Tu viendras me parler tout bas,
Crains-tu que je n'entende pas ?

Je t'entendrai, mon seul amour !
Triste dans mon dernier séjour,
Si le courage t'abandonne ;
Et la nuit, sans te commander,
J'irai doucement te gronder,
Puis te dire : "Dieu nous pardonne !"
Et, d'une voix que le ciel donne,
Je te peindrai les cieux tout bas :
Crains-tu de ne m'entendre pas ?

J'irai seule, en quittant tes yeux,
T'attendre à la porte des Cieux,
Et prier pour ta délivrance.
Oh ! dussé-je y rester longtemps,

Je veux y couler mes instants
À t'adoucir quelque souffrance ;
Puis un jour, avec l'Espérance,
Je viendrai délier tes pas ;
Crains-tu que je ne vienne pas ?

Je viendrai, car tu dois mourir,
Sans être las de me chérir ;
Et comme deux ramiers fidèles,
Séparés par de sombres jours,
Pour monter où l'on vit toujours,
Nous entrelacerons nos ailes !
Là, nos heures sont éternelles :
Quand Dieu nous l'a promis tout bas,
Crois-tu que je n'écoutais pas ?

LE BEAU JOUR

J'eus en ma vie un si beau jour,
Qu'il éclaire encore mon âme.
Sur mes nuits il répand sa flamme ;
Il était tout brillant d'amour,
Ce jour plus beau qu'un autre jour ;
Partout, je lui donne un sourire,
Mêlé de joie et de langueur ;
C'est encor lui que je respire,
C'est l'air pur qui nourrit mon cœur.

Ah ! que je vis dans ses rayons,
Une image riante et claire !
Qu'elle était faite pour me plaire !
Qu'elle apporta d'illusions,
Au milieu de ses doux rayons !
L'instinct, plus prompt que la pensée,
Me dit : "Le voilà ton vainqueur."
Et la vive image empressée,
Passa de mes yeux à mon cœur.

Quand je l'emporte au fond des bois,
Hélas ! qu'elle m'y trouble encore :
Que je l'aime ! que je l'adore !
Comme elle fait trembler ma voix

Quand je l'emporte au fond des bois !
J'entends son nom, je vois ses charmes,
Dans l'eau qui roule avec lenteur ;
Et j'y laisse tomber les larmes,
Dont l'amour a baigné mon cœur.

LES SÉPARÉS

N'écris pas. Je suis triste, et je voudrais m'éteindre.
Les beaux étés sans toi, c'est la nuit sans flambeau.
J'ai refermé mes bras qui ne peuvent t'atteindre,
Et frapper à mon cœur, c'est frapper au tombeau.
        N'écris pas !

N'écris pas. N'apprenons qu'à mourir à nous-mêmes.
Ne demande qu'à Dieu... qu'à toi, si je t'aimais !
Au fond de ton absence écouter que tu m'aimes,
C'est entendre le ciel sans y monter jamais.
        N'écris pas !

N'écris pas. Je te crains ; j'ai peur de ma mémoire ;
Elle a gardé ta voix qui m'appelle souvent.
Ne montre pas l'eau vive à qui ne peut la boire.
Une chère écriture est un portrait vivant.
        N'écris pas !

N'écris pas ces doux mots que je n'ose plus lire :
Il semble que ta voix les répand sur mon cœur ;
Que je les vois brûler à travers ton sourire ;
Il semble qu'un baiser les empreint sur mon cœur.
        N'écris pas !

Les Pleurs

(1833)

RÉVÉLATION

. . . .
L'été, le monde ému frémit comme une fête ;
La terre en fleurs palpite et parfume sa tête ;
Les cailloux plus cléments, loin d'offenser nos pas,
Nous font un doux chemin ; on vole, on dit tout bas :
"Voyez ! tout m'obéit, tout m'appartient, tout m'aime !
"Que j'ai bien fait de naître ! et Dieu, car c'est Dieu
"Est-il assez clément de protéger nos jours,   [même,
"Sous une image ardente à me suivre toujours !"

Que de portraits de toi j'ai vus dans les nuages !
Que j'ai dans tes bouquets respiré de présages !
Que de fois j'ai senti par un nœud doux et fort,
Ton âme s'enlacer à l'entour de mon sort !
Quand tu me couronnais d'une seconde vie,
Que de fois sur ton sein je m'en allais ravie,
Et reportée aux champs que mon père habitait,
Quand j'étais blonde et frêle, et que l'on me portait !
Que de fois dans tes yeux j'ai reconnu ma mère !
Oui ! toute femme aimée a sa jeune chimère,
Sois-en sûr ; elle prie, elle chante, et c'est toi
Qui gardais ces tableaux longtemps voilés pour moi.
Oui ! si quelque musique à mon âme cachée,
Frappe sur mon sommeil et m'inspire d'amour,

C'est pour ta douce image à ma vie attachée,
Caressante chaleur sur mon sort épanchée,
Comme sur un mur sombre un sourire du jour !
Mais par un mot changé troubles-tu ma tendresse,
Oh ! de quel paradis tu fais tomber mon cœur !
D'une larme versée au fond de mon ivresse,
Si tu savais le poids, ému de ta rigueur,
Penché sur mon regard qui tremble et qui t'adore,
Comme on baise les pleurs dont l'enfant nous implore,
À ton plus faible enfant, tu viendrais, et tout bas :
"J'ai voulu t'éprouver, grâce ! ne pleure pas..."

Parle-moi doucement ! sans voix, parle à mon âme ;
Le souffle appelle un souffle, et la flamme une flamme.
Entre deux cœurs charmés il faut peu de discours,
Comme à deux filets d'eau peu de bruit dans leur
                                                    [cours.
Ils vont ! aux vents d'été parfument leur voyage :
Altérés l'un de l'autre et contents de frémir,
Ce n'est que de bonheur qu'on les entend gémir.
Quand l'hiver les cimente et fixe leur image,
Ils dorment suspendus sous le même pouvoir,
Et si bien emmêlés qu'ils ne font qu'un miroir.

On a si peu de temps à s'aimer sur la terre !
Oh ! qu'il faut se hâter de dépenser son cœur !
Grondé par le remords, prends garde ! il est grondeur,
L'un des deux, mon amour, pleurera solitaire.
Parle-moi doucement, afin que dans la mort
Tu scelles nos adieux d'un baiser sans remord,
Et qu'en entrant aux cieux, toi calme, moi légère,
Nous soyons reconnus pour amants de la terre.
Que si l'ombre d'un mot t'accusait devant moi,
À Dieu, sans le tromper, je réponde pour toi :
"Il m'a beaucoup aimée ! il a bu de mes larmes ;
"Son âme a regardé dans toutes mes douleurs ;

"Il a dit qu'avec moi l'exil aurait des charmes,
"La prison du soleil, la vieillesse des fleurs !"

Et Dieu nous unira d'éternité ; prends garde !
Fais-moi belle de joie ! et quand je te regarde,
Regarde-moi ; jamais ne rencontre ma main,
Sans la presser : cruel ! on peut mourir demain,
Songe donc ! crains surtout qu'en moi-même
                                    [enfermée,
Ne me souvenant plus que je fus trop aimée,
Je ne dise, pauvre âme, oublieuse des cieux,
Pleurant sous mes deux mains et me cachant les
                                    [yeux :
"Dans tous mes souvenirs je sens couler mes larmes ;
Tout ce qui fit ma joie enfermait mes douleurs ;
Mes jeunes amitiés sont empreintes des charmes
Et des parfums mourants qui survivent aux fleurs."

Je dis cela, jalouse ; et je sens ma pensée
Sortir en cris plaintifs de mon âme oppressée.
Quand tu ne réponds pas, j'ai honte à tant d'amour,
Je gronde mes sanglots, je m'évite à mon tour,
Je m'en retourne à Dieu, je lui demande un père,
Je lui montre mon cœur gonflé de ta colère,
Je lui dis, ce qu'il sait, que je suis son enfant,
Que je veux espérer et qu'on me le défend !

Ne me le défends plus ! laisse brûler ma vie.
Si tu sais le doux mal où je suis asservie,
Oh ! ne me dis jamais qu'il faudra se guérir ;
Qu'aimer use le cœur et que tout doit mourir ;
Car tu me vois dans l'âme : approche, tu peux lire ;
Voilà notre secret : est-ce mal de le dire ?
Non ! rien ne meurt. Pieux d'amour ou d'amitié,
Vois-tu, d'un cœur de femme il faut avoir pitié !

L'ATTENTE

Quand je ne te vois pas, le temps m'accable, et l'heure
A je ne sais quel poids impossible à porter :
Je sens languir mon cœur, qui cherche à me quitter ;
Et ma tête se penche, et je souffre et je pleure.

Quand ta voix saisissante atteint mon souvenir,
Je tressaille, j'écoute... et j'espère immobile ;
Et l'on dirait que Dieu touche un roseau débile ;
Et moi, tout moi répond : Dieu ! faites-le venir !

Quand sur tes traits charmants j'arrête ma pensée,
Tous mes traits sont empreints de crainte et de
                                        [bonheur ;
J'ai froid dans mes cheveux ; ma vie est oppressée,
Et ton nom, tout à coup, s'échappe de mon cœur.

Quand c'est toi-même, enfin ! quand j'ai cessé
                                        [d'attendre,
Tremblante, je me sauve en te tendant les bras ;
Je n'ose te parler, et j'ai peur de t'entendre ;
Mais tu cherches mon âme, et toi seul l'obtiendras !

Suis-je une sœur tardive à tes vœux accordée ?
Es-tu l'ombre promise à mes timides pas ?
Mais je me sens frémir. Moi, ta sœur ! quelle idée !
Toi, mon frère !... ô terreur ! Dis que tu ne l'es pas !

DORS-TU ?

Et toi ! dors-tu quand la nuit est si belle,
Quand l'eau me cherche et me fuit comme toi ;
Quand je te donne un cœur longtemps rebelle ?
Dors-tu, ma vie ! ou rêves-tu de moi ?

Démêles-tu, dans ton âme confuse,
Les doux secrets qui brûlent entre nous ?
Ces longs secrets dont l'amour nous accuse,
Viens-tu les rompre en songe à mes genoux ?

As-tu livré ta voix tendre et hardie
Aux fraîches voix qui font trembler les fleurs ?
Non ! c'est du soir la vague mélodie ;
Ton souffle encor n'a pas séché mes pleurs !

Garde toujours ce douloureux empire
Sur notre amour qui cherche à nous trahir :
Mais garde aussi son mal dont je soupire ;
Son mal est doux, bien qu'il fasse mourir !

MALHEUR À MOI

> Ah ! ce n'est pas aimer que prendre sur
> [soi-même
> De pouvoir vivre ainsi loin de l'objet
> [qu'on aime.
>
> ANDRÉ CHÉNIER.

Malheur à moi ! je ne sais plus lui plaire ;
Je ne suis plus le charme de ses yeux ;
Ma voix n'a plus l'accent qui vient des cieux,
Pour attendrir sa jalouse colère ;
Il ne vient plus, saisi d'un vague effroi,
Me demander des serments ou des larmes :
Il veille en paix, il s'endort sans alarmes :
     Malheur à moi !

Las de bonheur, sans trembler pour ma vie,
Insoucieux, il parle de sa mort !
De ma tristesse il n'a plus le remord,
Et je n'ai pas tous les biens qu'il envie !
Hier, sur mon sein, sans accuser ma foi,
Sans les frayeurs que j'ai tant pardonnées,
Il vit des fleurs qu'il n'avait pas données :
     Malheur à moi !

Distrait d'aimer, sans écouter mon père,
Il l'entendit me parler d'avenir :
Je n'en ai plus, s'il n'y veut pas venir ;
Par lui je crois, sans lui je désespère ;
Sans lui, mon Dieu ! comment vivrai-je en toi ?
Je n'ai qu'une âme, et c'est par lui qu'elle aime :
Et lui, mon Dieu, si ce n'est pas toi-même,
     Malheur à moi !

TRISTESSE

Une fille est née dans la classe du peuple, et malgré le triste avenir qui lui est réservé, sa naissance a été accueillie comme un joyeux événement.
. . . .
Elle est heureuse, car le soleil brille, la pluie tombe, l'arc-en-ciel étend ses couleurs, et les oiseaux chantent pour elle. Son sommeil est profond et doux, ses jeux gais et vifs, son pain délicieux ! Elle ne sait pas le secret d'être mécontente de ce qu'elle possède.

Un auteur anglais.

N'irai-je plus courir dans l'enclos de ma mère ?
N'irai-je plus m'asseoir sur les tombes en fleurs ?
D'où vient que des beaux ans la mémoire est amère ?
D'où vient qu'on aime tant une joie éphémère ?
D'où vient que d'en parler ma voix se fond en
                                        [pleurs ?

C'est que, pour retourner à ces fraîches prémices,
À ces fruits veloutés qui pendent au berceau,
Prête à se replonger aux limpides calices
De la source fuyante et des vierges délices,
L'âme hésite à troubler la fange du ruisseau.

Quel effroi de ramper au fond de sa mémoire,
D'ensanglanter son cœur aux dards qui l'ont blessé,
De rapprendre un affront que l'on crut effacé,
Que le temps... que le ciel a dit de ne plus croire,
Et qui siffle aux lieux même où la flèche a passé !

Qui n'a senti son front rougir, brûler encore,
Sous le flambeau moqueur d'un amer souvenir ?
Qui n'a pas un écho cruellement sonore,
Jetant par intervalle un nom que l'âme abhorre,
Et la fait s'envoler au fond de l'avenir ?

Vous aussi, ma natale, on vous a bien changée !
Oui ! quand mon cœur remonte à vos gothiques tours,
Qu'il traverse, rêveur, notre absence affligée,
Il ne reconnaît plus la grâce négligée
Qui donne tant de charme au maternel séjour !

Il voit rire un jardin sur l'étroit cimetière,
Où la lune souvent me prenait à genoux ;
L'ironie embaumée a remplacé la pierre
Où j'allais, d'une tombe indigente héritière,
Relire ma croyance au dernier rendez-vous !

Tristesse ! après longtemps revenir isolée,
Rapporter de sa vie un compte douloureux,
La renouer malade à quelque mausolée,
Chercher un cœur à soi sous la croix violée.
Et ne plus oser dire : "Il est là !" c'est affreux !

Mais cet enfant qui joue et qui dort sur la vie,
Qui s'habille de fleurs, qui n'en sent pas l'effroi ;
Ce pauvre enfant heureux que personne n'envie,
Qui, né pour le malheur, l'ignore et s'y confie,
Je le regrette encor, cet enfant, c'était moi.

Au livre de mon sort si je cherche un sourire,
Dans sa blanche préface, oh ! je l'obtiens toujours
À des mots commencés que je ne peux écrire,
Éclatants d'innocence et charmants à relire,
Parmi les feuillets noirs où s'inscrivent mes jours !

Un bouquet de cerise, une pomme encor verte,
C'étaient là des festins savourés jusqu'au cœur !
À tant de volupté l'âme neuve est ouverte,
Quand l'âpre affliction, de miel encore couverte,
N'a pas trempé nos sens d'une amère saveur !

Parmi les biens perdus dont je soupire encore,
Quel nom portait la fleur... la fleur d'un bleu si beau,
Que je vis poindre au jour, puis frémir, puis éclore,
Puis, que je ne vis plus à la suivante aurore ?
Ne devrait-elle pas renaître à mon tombeau !

Douce église ! sans pompe, et sans culte et sans prêtre,
Où je faisais dans l'air jouer ma faible voix,
Où la ronce montait fière à chaque fenêtre,
Près du Christ mutilé qui m'écoutait peut-être,
N'irai-je plus rêver du ciel comme autrefois ?

Oh ! n'a-t-on pas détruit cette vigne oubliée,
Balançant au vieux mur son fragile réseau ?
Comme l'aile d'un ange, aimante et dépliée,
L'humble pampre embrassait l'église humiliée
De sa pâle verdure où tremblait un oiseau !

L'oiseau chantait, piquait le fruit mûr, et ses ailes
Frappaient l'ogive sombre avec un bruit joyeux ;
Et le soleil couchant dardait ses étincelles
Aux vitraux rallumés de rougeâtres parcelles
Qui me restaient longtemps ardentes dans les yeux.

Notre-Dame* ! aujourd'hui belle et retentissante,
Triste alors, quel secret m'avez-vous dit tout bas ?
Et quand mon timbre pur remplaçait l'orgue absente,
Pour répondre à l'écho de la nef gémissante,
Mon frêle et doux *AVE*, ne l'écoutiez-vous pas ?

Et ne jamais revoir ce mur où la lumière
Dessinait Dieu visible à ma jeune raison !
Ne plus mettre à ses pieds mon pain et ma prière !
Ne plus suivre mon ombre au bord de la rivière,
Jusqu'au chaume enlierré que j'appelais maison !

Ni le puits solitaire, urne sourde et profonde,
Crédule, où j'allais voir descendre le soleil,
Qui faisait aux enfants un miroir de son onde ;
Elle est tarie... Hélas ! tout se tarit au monde ;
Hélas ! la vie et l'onde ont un destin pareil !

Ne plus passer devant l'école bourdonnante,
Cage en fleurs où couvaient, où fermentaient nos jours,
Où j'entendis, captive, une voix résonnante
Et chère ! à ma prison m'enlever frissonnante :
Voix de mon père, ô voix ! m'appelez-vous toujours ?

Où libre je pâlis de tendresse éperdue,
Où je crus voir le ciel descendre, et l'humble lieu
S'ouvrir ! Mon père au loin m'avait donc entendue ?
Fière, en tenant sa main, je traversai la rue ;
Il la remplissait toute ; il ressemblait à Dieu !

Albertine ! et là-bas flottait ta jeune tête,
Sous le calvaire en fleurs ; et c'était loin du soir !
Et ma voix bondissante avait dit : est-ce fête ?

* Une église de Douai abandonnée pendant la Révolution.

Ô joie ! est-ce demain que Dieu passe et s'arrête ?
Et tu m'avais crié : "Tu vas voir ! tu vas voir !"

Oui ! c'était une fête, une heure parfumée ;
On moissonnait nos fleurs, on les jetait dans l'air ;
Albertine riait sous la pluie embaumée ;
Elle vivait encor ; j'étais encore aimée !
C'est un parfum de rose... il n'atteint pas l'hiver.

Du moins, n'irai-je plus dans l'enclos de ma mère ?
N'irai-je plus m'asseoir sur les tombes en fleurs ?
D'où vient que des beaux ans la mémoire est amère ?
D'où vient qu'on aime tant une joie éphémère ?
D'où vient que d'en parler ma voix se fond en pleurs ?

LE MAL DU PAYS

> Ce front facile à se rider, ces joues légè-
> rement creusées, gardaient l'empreinte du
> sceau dont le malheur marque ses sujets,
> comme pour leur laisser la consolation de
> se reconnaître d'un regard fraternel, et de
> s'unir pour lui résister.
>
> MADAME DE BALZAC.

> Clémentine adorée, âme céleste et pure,
> Qui, parmi les rigueurs d'une injuste
> [maison,
> Ne perd point l'innocence en perdant la
> [raison.
>
> ANDRÉ CHÉNIER.

Je veux aller mourir aux lieux où je suis née ;
Le tombeau d'Albertine est près de mon berceau ;
Je veux aller trouver son ombre abandonnée ;
Je veux un même lit près du même ruisseau.

Je veux dormir. J'ai soif de sommeil, d'innocence,
D'amour ! d'un long silence écouté sans effroi.
De l'air pur qui soufflait au jour de ma naissance,
Doux pour l'enfant du pauvre et pour l'enfant du roi.

J'ai soif d'un frais oubli, d'une voix qui pardonne.
Qu'on me rende Albertine ! elle avait cette voix
Qu'un souvenir du ciel à quelques femmes donne ;
Elle a béni mon nom... autre part... autrefois !

Autrefois !... qu'il est loin le jour de son baptême !
Nous entrâmes au monde un jour qu'il était beau :
Le sel qui l'ondoya fut dissous sur moi-même,
Et le prêtre pour nous n'alluma qu'un flambeau.

D'où vient-on quand on frappe aux portes de la
                                            [terre ?
Sans clarté dans la vie, où s'adressent nos pas ?
Inconnus aux mortels qui nous tendent les bras,
Pleurants, comme effrayés d'un sort involontaire.

Où va-t-on quand, lassé d'un chemin sans bonheur,
On tourne vers le ciel un regard chargé d'ombre ?
Quand on ferme sur nous l'autre porte, si sombre !
Et qu'un ami n'a plus que nos traits dans son cœur ?

Ah ! quand je descendrai rapide, palpitante,
L'invisible sentier qu'on ne remonte pas,
Reconnaîtrai-je enfin la seule âme constante
Qui m'aimait imparfaite, et me grondait si bas ?

Te verrai-je, Albertine ! ombre jeune et craintive ;
Jeune, tu t'envolas peureuse des autans :
Dénouant pour mourir ta robe de printemps,
Tu dis : "Semez ces fleurs sur ma cendre captive."

Oui ! je reconnaîtrai tes traits pâles, charmants,
Miroir de la pitié qui marchait sur tes traces,
Qui pleurait dans ta voix, angélisait tes grâces,
Et qui s'enveloppait dans tes doux vêtements !

Oui, tu ne m'es qu'absente, et la mort n'est qu'un voile,
Albertine ! et tu sais l'autre vie avant moi,
Un jour, j'ai vu ton âme aux feux blancs d'une étoile ;
Elle a baisé mon front, et j'ai dit : C'est donc toi !

Viens encor, viens ! j'ai tant de choses à te dire !
Ce qu'on t'a fait souffrir, je le sais ! j'ai souffert.
Ô ma plus que sœur ! viens : ce que je n'ose écrire,
Viens le voir palpiter dans mon cœur entr'ouvert !

LA SINCÈRE

Ah ! c'est vous que je vois
Enfin ! Et cette voix qui parle est votre
Pourquoi le sort mit-il mes jours si [voix !
                              [loin des vôtres ?
J'ai tant besoin de vous pour oublier les
                              [autres !

VICTOR HUGO.

Veux-tu l'acheter ?
Mon cœur est à vendre.
Veux-tu l'acheter,
Sans nous disputer ?

Dieu l'a fait d'aimant ;
Tu le feras tendre ;
Dieu l'a fait d'aimant
Pour un seul amant !

Moi, j'en fais le prix ;
Veux-tu le connaître ?
Moi, j'en fais le prix ;
N'en sois pas surpris.

As-tu tout le tien ?
Donne ! et sois mon maître.
As-tu tout le tien,
Pour payer le mien ?

S'il n'est plus à toi,
Je n'ai qu'une envie ;
S'il n'est plus à toi,
Tout est dit pour moi.

Le mien glissera,
Fermé dans la vie ;
Le mien glissera,
Et Dieu seul l'aura !

Car, pour nos amours,
La vie est rapide ;
Car, pour nos amours,
Elle a peu de jours.

L'âme doit courir
Comme une eau limpide ;
L'âme doit courir,
Aimer ! et mourir.

MA FILLE

T'is very strange, my little dove,
That all I ever loved, or love,
In wondrous visions still I trace
While gazing on thy guiltless face.

ROBERT BURNS.

Ondine ! enfant joyeux qui bondis sur la terre,
Mobile comme l'eau qui t'a donné son nom,
Es-tu d'un séraphin le miroir solitaire ?
Sous ta grâce mortelle orne-t-il ma maison ?

Quand je t'y vois glisser dansante et gracieuse,
Je sens flotter mon âme errante autour de toi :
Je me regarde vivre, ombre silencieuse ;
Mes jours purs, sous tes traits, repassent devant moi !

Car toujours ramenés vers nos jeunes annales,
Nous retrempons nos yeux dans leurs fraîches
Midi n'a plus le goût des heures matinales   [couleurs ;
Où l'on a respiré tant de sauvages fleurs !
Le champ, le plus beau champ que renfermât la terre,
Furent les blés bordant la maison de mon père,
Où je dansais, volage, en poursuivant du cœur
Un rêve qui criait : "Bonheur ! bonheur ! bonheur !"

94

C'est toi ! mes yeux blessés par le temps et les larmes,
Redevenus miroirs, se rallument d'amour !
N'es-tu pas tout ce monde infini, plein de charmes,
Que j'encerclais d'espoir, en essayant le jour ?

Viens donc, ma vie enfant ! et si tu la prolonges,
Ondine ! aux mêmes flots ne l'abandonne pas.
Que les ruisseaux, les bois, les fleurs où tu te plonges,
Gardent leur fraîche amorce au penchant de tes pas ;
Viens ! mon âme sur toi pleure et se désaltère.
Ma fille, ils m'ont fait mal !... Mets tes mains sur mes
Montre-moi l'espérance et cache-moi la terre ;   [yeux,
Ange ! retiens mon vol, ou suis-moi dans les cieux.

Mais tu n'entendras pas mes plaintes interdites.
Dit-on au passereau de haïr, d'avoir peur ?
Tes oreilles encor sont tendres et petites,
Enfant ! Je ne veux pas méchantiser ton cœur.

Garde-le plein d'écho de ma voix maternelle :
Dieu qui t'écoute encore ainsi m'écoutera.
Ô ma blanche colombe ! entr'ouvre-moi ton aile ;
Mon cœur a fait le tien ; il s'y renfermera ;
Car ce serait affreux et pitié de t'apprendre,
Quand tu baises mes pleurs, ce qui les fait couler ;
Va les porter à Dieu, sans chercher à comprendre
Ce qu'une larme pèse et coûte à révéler !

Tout pleure ! et l'innocent que le torrent entraîne,
Et ceux qui, pour prier, n'ont que leurs repentirs ;
Peut-être en ce moment les soupirs d'une reine,
Sur la route du ciel, rencontrent mes soupirs.

Mais que l'oiseau des nuits t'effleure en sa tristesse :
Il passe, mon Ondine, il passe avec vitesse :

Sur tes traits veloutés j'aime à boire tes pleurs ;
C'est l'ondée en avril qui roule sur les fleurs.

Que tes cheveux sont doux ! étends-les sur mes
Comme un voile doré sur un noir souvenir.   [larmes,
Embrassons-nous !... Sais-tu qu'il reste bien des
A ce monde pour moi plein de ton avenir ?   [charmes
Et le monde est en nous : demeure avec toi-même ;
L'oiseau pour ses concerts goûte un sauvage lieu ;
L'innocence a partout un confident qui l'aime.
Oh ! ne livre ta voix qu'à cet écho : c'est Dieu !

L'IMPOSSIBLE

On ne jette point l'ancre dans le fleuve de la vie. Il emporte également celui qui lutte contre son cours et celui qui s'y abandonne.

BERNARDIN DE SAINT-PIERRE.

Qui me rendra ces jours où la vie a des ailes
Et vole, vole ainsi que l'alouette aux cieux,
Lorsque tant de clarté passe devant ses yeux,
Qu'elle tombe éblouie au fond des fleurs, de celles
Qui parfument son nid, son âme, son sommeil,
Et lustrent son plumage ardé par le soleil !

Ciel ! un de ces fils d'or pour ourdir ma journée,
Un débris de ce prisme aux brillantes couleurs !
Au fond de ces beaux jours et de ces belles fleurs,
Un rêve ! où je sois libre, enfant, à peine née,

Quand l'amour de ma mère était mon avenir,
Quand on ne mourait pas encor dans ma famille,
Quand tout vivait pour moi, vaine petite fille !
Quand vivre était le ciel, ou s'en ressouvenir,

Quand j'aimais sans savoir ce que j'aimais, quand
Me palpitait heureuse, et de quoi ? Je ne sais ;   [l'âme
Quand toute la nature était parfum et flamme,
Quand mes deux bras s'ouvraient devant ces jours...
                                                [passés.

LE COUCHER D'UN PETIT GARÇON

Regarde : plus de feux, plus de bruit.
[Tout se tait :
La lune tout à l'heure à l'horizon
montait,
Tandis que tu parlais

VICTOR HUGO.

Couchez-vous, petit Paul ! Il pleut. C'est nuit : c'est
[l'heure.
Les loups sont au rempart. Le chien vient d'aboyer.
La cloche a dit : "Dormez !" et l'ange gardien pleure,
Quand les enfants si tard font du bruit au foyer.

"Je ne veux pas toujours aller dormir ; et j'aime
À faire étinceler mon sabre au feu du soir ;
Et je tuerai les loups ! Je les tuerai moi-même !"
Et le petit méchant, tout nu ! vint se rasseoir.

Où sommes-nous ? mon Dieu ! donnez-nous patience ;
Et surtout soyez Dieu ! Soyez lent à punir :
L'âme qui vient d'éclore a si peu de science !
Attendez sa raison, mon Dieu ! dans l'avenir.

L'oiseau qui brise l'œuf est moins près de la terre,
Il vous obéit mieux : au coucher du soleil,
Un par un descendus dans l'arbre solitaire,
Sous le rideau qui tremble ils plongent leur sommeil.

Au colombier fermé nul pigeon ne roucoule ;
Sous le cygne endormi l'eau du lac bleu s'écoule,
Paul ! trois fois la couveuse a compté ses enfants ;
Son aile les enferme ; et moi, je vous défends !

La lune qui s'enfuit, toute pâle et fâchée,
Dit : "Quel est cet enfant qui ne dort pas encor ?"
Sous son lit de nuage elle est déjà couchée ;
Au fond d'un cercle noir la voilà qui s'endort.

Le petit mendiant, perdu seul à cette heure,
Rôdant avec ses pieds las et froids, doux martyrs !
Dans la rue isolée où sa misère pleure,
Mon Dieu ! qu'il aimerait un lit pour s'y blottir !"

Et Paul, qui regardait encore sa belle épée,
Se coucha doucement en pliant ses habits :
Et sa mère bientôt ne fut plus occupée
Qu'à baiser ses yeux clos par un ange assoupis !

L'ÉPHÉMÈRE

Je suis trop délicat, trop faible et trop
[petit,
Pour porter vos fruits mûrs et porter vos
[corbeilles,
Dépouiller les tilleuls du trésor des
[abeilles,
Courber de vos moissons la féconde
[épaisseur ;
Mais je vous enverrai l'Automne : c'est
[ma sœur.

M.H. DE LATOUCHE.

Frêle création de la fuyante aurore,
Ouvre-toi comme un prisme au soleil qui le dore ;
Va dire ta naissance au liseron d'un jour ;
Va ! tu n'as que le temps de deviner l'amour !

Et c'est mieux, c'est bien mieux que de le trop
[connaître ;
Mieux de ne pas survivre au jour qui le vit naître.
Happe sa douce amorce, et que ton aile, enfant,
Joue avec ce flambeau ; rien ne te le défend.
Né dans le feu, ton vol en cercles s'y déploie,
Et sème des anneaux de lumière et de joie.

101

Le fil de tes hasards est court, mais il est d'or !
Nul regret ne pendra lugubre sur ton sort ;
Nul adieu ne viendra gémir dans l'harmonie
De ton jour de musique et d'ivresse infinie ;
Ce que tu vas aimer durera tes instants ;
Tu ne verras le deuil ni les rides du temps.
Les feuillets de ton sort sont des feuilles de rose
Fiévreuse de soleil et d'encens, quel destin !
Atome délecté dans le miel qui l'arrose,
Sonne ta bienvenue au banquet du matin.

Je t'envie ! et Dieu t'aime, innocent éphémère ;
Tu nais sans déchirer le beau flanc de ta mère ;
Ce penser triste et doux ne te fait point de pleurs :
Il ne t'impose pas comme un remords de vivre.
Tu n'as point à traîner ton cœur lourd comme un livre.
Heureux rien ! ta carrière est au bout de ces fleurs.
Bois ta vie à leur âme, et que ta prompte haleine
Goûte à tous les parfums dont s'abreuve la plaine.
Hâte-toi ! si le ciel commence à se couvrir,
Une goutte de pluie inondera tes ailes :
Avant d'avoir vécu, tu ne veux pas mourir.
Toi ! Les fleurs vont au soir : ne tombe qu'après elles.
Bonjour ! bonheur ! Adieu ! trois mots pour ton soleil.
Et pour nous, que de nuits jusqu'au dernier sommeil !
Le long vivre n'apprend que des fables railleuses.
Tristement recueillis sous nos ailes frileuses,
Nous épions l'espoir, qui n'ourdit qu'un regret :
Et l'espoir n'ouvre pas sa belle chrysalide ;
Et c'est un fruit coulé sous son écorce vide ;
Et le vrai, c'est la mort ! — et j'attends son secret.

Oh ! ce sera la vie : oh ! ce sera vous-même,
Rêve, à qui ma prière a tant dit : Je vous aime.
Ce sera, pleur par pleur, et tourment par tourment,
Des âmes en douleurs le chaste enfantement !

LE CONVOI D'UN ANGE

À ma mère qui n'est plus

. . . .
Quand j'ignorais la mort, je pense qu'une fois
On me fit blanche et belle, et qu'on serra ma tête
D'une tresse de fleurs comme pour une fête ;
Qu'une gaze tombait sur mes souliers plus beaux ;
Et qu'à travers le jour nous portions des flambeaux :
Et puis, qu'un long ruban nous tenait, jeunes filles
Prises pour le cortège au sein de nos familles.

Oui, de mes jours pleurés je vois sortir ce jour
Tout soleil ! ruisselant sur la fraîche chapelle
Où je voudrais prier quand je me la rappelle.
Enfants, nous emportions à son dernier séjour
Un enfant plus léger, plus peureux de la terre,
Et qui s'en retournait habillé de mystère,
Furtif comme l'oiseau sur nos toits entrevu,
Posé pour nous chanter son passage imprévu,
Dont la flèche invisible a détendu les ailes,
Et qui se traîne aux fleurs, et disparaît sous elles !

. . . .
Nous entrâmes sans bruit dans la chapelle ouverte,
Étrangère au soleil sous sa coupole verte ;
Là, comme une eau qui coule au milieu de l'été,
On entendait tout bas courir l'éternité ;
Quelque chose de tendre y languissait : du lierre
Y tenait doucement la vierge prisonnière ;
Parmi le jour douteux qui flottait dans le chœur,
On voyait s'abaisser et s'élever son cœur.
Je le croirai toujours : c'était comme une femme
Sur ses genoux émus tenant son premier-né,
Chaste et nu, doux et fort, humble et prédestiné,
Déjà si plein d'amour qu'il nous attirait l'âme !

La mort passait sans pleurs. Hélas ! on n'avait pu
Porter la mère au seuil où la blanche volée,
Sur la petite boîte odorante et voilée,
Reprenait l'hymne frêle aux vents interrompu :
Et le deuil n'était pas dans notre frais cortège ;
Car le prêtre avait dit : "Enfant, Dieu te protège ;
Dieu t'enlève au banquet mortel qui t'appelait,
Encor gonflé pour toi de larmes et de lait !"

Et quand je ne vis plus ce doux fardeau de roses
Trembler au fond du voile au soleil étendu,
On dit : "Regarde au ciel !" Et je vis tant de choses,
Que je l'y crus porté par le vent, ou perdu,
Fait ange dans l'azur inondé de lumière ;
Car l'or du ciel fondait en fils étincelants,
Et tant de jour coulait sur nos vêtements blancs,
Qu'il fallut curieuse en ôter ma paupière.

Longtemps tout fut mobile et rouge sous ma main,
Et je ne pus compter les arbres du chemin :
Sous le toit sans bonheur on nous reçut encore :
Le jardin nous offrit ce que l'enfance adore,

Et nous trouvâmes bons les fruits de l'ange. Hélas !
Une chambre était triste : elle ne s'ouvrit pas ;
Et nous fîmes un feu des églantines mortes,
Dont l'enfant qui s'en va fait arroser les portes.

. . . .

Pauvres fleurs

(1839)

LA MAISON DE MA MÈRE

Maison de la naissance, ô nid, doux coin du monde !
Ô premier univers où nos pas ont tourné !
Chambre ou ciel, dont le cœur garde la mappemonde,
Au fond du temps je vois ton seuil abandonné.
Je m'en irais aveugle et sans guide à ta porte,
Toucher le berceau nu qui daigna me nourrir ;
Si je deviens âgée et faible, qu'on m'y porte !
Je n'y pus vivre enfant ; j'y voudrais bien mourir ;
Marcher dans notre cour où croissait un peu d'herbe,
Où l'oiseau de nos toits descendait boire, et puis,
Pour coucher ses enfants, becquetait l'humble gerbe,
Entre les cailloux bleus que mouillait le grand puits !

De sa fraîcheur lointaine il lave encor mon âme,
Du présent qui me brûle il étanche la flamme,
Ce puits large et dormeur au cristal enfermé,
Où ma mère baignait son enfant bien-aimé :
Lorsqu'elle berçait l'air avec sa voix rêveuse,
Qu'elle était calme et blanche et paisible le soir,
Désaltérant le pauvre assis, comme on croit voir
Aux ruisseaux de la bible une fraîche laveuse :
Elle avait des accents d'harmonieux amour,
Que je buvais du cœur en jouant dans la cour !

Ciel ! où prend donc sa voix une mère qui chante,
Pour aider le sommeil à descendre au berceau ?
Dieu mit-il plus de grâce au souffle d'un ruisseau ?
Est-ce l'Éden rouvert à son hymne touchante,
Laissant sur l'oreiller de l'enfant qui s'endort,
Poindre tous les soleils qui lui cachent la mort ?
Et l'enfant assoupi sous cette âme voilée,
Reconnaît-il les bruits d'une vie écoulée ?
Est-ce un cantique appris à son départ du ciel,
Où l'adieu d'un jeune ange épancha quelque miel ?

. . . .
Elle se défendait de me faire savante ;
"Apprendre, c'est vieillir, disait-elle, et l'enfant
"Se nourrira trop tôt du fruit que Dieu défend ;
"Fruit fiévreux à la sève aride et décevante ;
"L'enfant sait tout qui dit à son ange gardien :
"— Donnez-nous aujourd'hui notre pain quotidien !
"C'est assez demander à cette vie amère ;
"Assez de savoir suivre et regarder sa mère,
"Et nous aurons appris pour un long avenir,
"Si nous savons prier, nous soumettre et bénir !"

Et je ne savais rien à dix ans qu'être heureuse ;
Rien, que jeter au ciel ma voix d'oiseau, mes fleurs ;
Rien, durant ma croissance aiguë et douloureuse,
Que plonger dans ses bras mon sommeil ou mes
Je n'avais rien appris, rien lu que ma prière,   [pleurs :
Quand mon sein se gonfla de chants mystérieux ;
J'écoutais *Notre-Dame* et j'épelais les cieux
Et la vague harmonie inondait ma paupière ;
Les mots seuls y manquaient ; mais je croyais qu'un
                                                              [jour,
On m'entendrait aimer pour me répondre : amour !
. . . .

LA FLEUR D'EAU

Fleur naine et bleue, et triste, où se cache un
[emblème,
Où l'absence a souvent respiré le mot : J'aime !
Où l'aile d'une fée a laissé ses couleurs,
Toi, qu'on devrait nommer le colibri des fleurs,
Traduis-moi : porte au loin ce que je n'ose écrire ;
Console un malheureux comme eût fait mon sourire :
Enlevée au ruisseau qui délasse mes pas,
Dis à mon cher absent qu'on ne l'oubliera pas !

Dis qu'à son cœur fermé je vois ce qui se passe ;
Dis qu'entre nos douleurs je ne sens pour espace
Que ton voile charmant d'amitié, que toujours
Je puise dans ma foi les vœux que tu lui portes,
Que je les lui dédie avec tes feuilles mortes,
Frêles et seuls parfums répandus sur mes jours ;
Dis qu'à veiller pour lui mon âme se consume,
Qu'elle a froid, qu'elle attend qu'un regard la
[rallume !

Dis que je veux ainsi me pencher sous mes pleurs,
Ne trouver nulle joie au monde, au jour, aux fleurs ;
Que la source d'amour est scellée en mon âme,
Que je sais bien quelle âme y répondrait encor,

Dont je serais la vie, et qui serait ma flamme ;
Il le sait bien aussi : mais cette âme, elle dort ;
Elle dort dans l'absence où s'effeuille ma vie,
Où tu me dis pourtant que j'en serai suivie,
Et ranimée un jour. Mais qu'il nous faut encor,
Lui, brûler ; moi, languir pour contenter le sort.

Va donc comme un œil d'ange éveiller son courage ;
Dis que je t'ai cueillie à la fin d'un orage ;
Que je t'envoie à lui comme un baiser d'espoir
Et que se joindre ainsi c'est presque se revoir !

AVANT TOI

L'année avait trois fois noué mon humble trame,
Et modelé ma forme en y broyant ses fleurs,
Et trois fois de ma mère acquitté les douleurs,
Quand le flanc de la tienne éclata : ma jeune âme
Eut dès lors sa promise et l'attira toujours,
Toujours ; tant qu'à la fin elle entra dans mes jours.
Et lorsqu'à ton insu tu venais vers ma vie
J'inventais par le monde un chemin jusqu'à toi ;
C'était loin : mais l'étoile allait, cherchait pour moi,
Et me frayait la terre où tu m'avais suivie,
Où tu me reconnus d'autre part ; oui, des cieux ;
Moi de même ; il restait tant de ciel dans tes yeux !

Mais le sais-tu ? trois fois le jour de la naissance
Baisa mon front limpide assoupi d'innocence,
Avant que ton étoile à toi, lente à venir,
Descendît marier notre double avenir.
Oh ! devions-nous ainsi naître absents de
                                          [nous-mêmes ;
Toi, tu ne le sais pas en ce moment ; tu m'aimes,
Je ne suis pas l'aînée. Encor vierge au bonheur,
J'avais un pur aimant pour attirer ton cœur ;
Car le mien, fleur tardive en soi-même exilée,
N'épanouit qu'à toi sa couronne voilée,

Cœur d'attente oppressé dans un tremblant séjour
Où ma mère enferma son nom de femme : *Amour.*

Comme le rossignol qui meurt de mélodie,
Souffle sur son enfant sa tendre maladie,
Morte d'aimer, ma mère à son regard d'adieu
Me raconta son âme et me souffla son Dieu :
Triste de me quitter, cette mère charmante,
Me léguant à regret la flamme qui tourmente,
Jeune, à son jeune enfant tendit longtemps sa main,
Comme pour le sauver par le même chemin.
Et je restai longtemps, longtemps sans la comprendre,
Et longtemps à pleurer son secret sans l'apprendre ;
À pleurer de sa mort le mystère inconnu,
Le portant tout scellé dans mon cœur ingénu ;
Ce cœur signé d'amour comme sa tendre proie,
Où pas un chant mortel n'éveillait une joie.
On eût dit à sentir ses faibles battements,
Une montre cachée où s'arrêtait le temps ;
On eût dit qu'à plaisir il se retînt de vivre ;
Comme un enfant dormeur qui n'ouvre pas son livre,
Je ne voulais rien lire à mon sort ; j'attendais,
Et tous les jours levés sur moi, je les perdais.
Par ma ceinture noire à la terre arrêtée,
Ma mère était partie et tout m'avait quittée ;
Le monde était trop grand, trop défait, trop désert ;
Une voix seule éteinte en changeait le concert :
Je voulais me sauver de ses dures contraintes,
J'avais peur de ses lois, de ses morts, de ses craintes,
Et ne sachant où fuir ses échos durs et froids,
Je me prenais tout haut à chanter mes effrois !

Mais quand tu dis : *"Je viens !"* quelle cloche de fête,
Fit bondir le sommeil attardé sur ma tête ;
Quelle rapide étreinte attacha notre sort,
Pour entre-ailer nos jours d'un fraternel essor !

Ma vie, elle avait froid, s'alluma dans la tienne,
Et ma vie a brillé, comme on voit au soleil,
Se dresser une fleur sans que rien la soutienne ;
Rien qu'un baiser de l'air ; rien qu'un rayon vermeil,
Un rayon curieux, altéré de mystère,
Cherchant sa fleur d'exil attachée à la terre ;
Et si tu descendis de si haut pour me voir,
C'est que je t'attendais à genoux, mon espoir !
Sans dignité ?... que si ! mais fervente et pieuse.
À l'heure qui tombait lente, religieuse,
Comme on écoute Dieu, moi, j'écoutai l'amour,
Et tes yeux pleins d'éclairs m'ouvrirent trop de jour !
Aussi, dès qu'en entier ton âme m'eut saisie,
Tu fus ma piété ! mon ciel ! ma poésie !
Aussi, sans te parler, je te nomme souvent,
Mon frère devant Dieu ! mon âme ! ou mon enfant !
Tu ne sauras jamais comme je sais moi-même,
À quelle profondeur je t'atteins et je t'aime :
Tu serais par la mort arraché de mes vœux,
Que pour te ressaisir mon âme aurait des yeux,
Des lueurs, des accents, des larmes, des prières,
Qui forceraient la mort à rouvrir tes paupières.
Je sais de quels frissons ta mère a dû frémir,
Sur tes sommeils d'enfant ; moi, je t'ai vu dormir :
Tous ses effrois charmants ont tremblé dans mon âme ;
Tu dis vrai, tu dis vrai ; je ne suis qu'une femme ;
Je ne sais qu'inventer pour te faire un bonheur ;
Une surprise à voir s'émerveiller ton cœur !

Toi, ne sois pas jaloux. Quand tu me vois penchée,
Quand tu me vois me taire, et te craindre et souffrir,
C'est que l'amour m'accable. Oh ! si j'en dois mourir,
Attends : je veux savoir si, quand tu m'as cherchée,
Tu t'es dit : "Voici l'âme où j'attache mon sort
Et que j'épouserai dans la vie ou la mort."
Oh ! je veux le savoir. Oh ! l'as-tu dit ? ... pardonne.

On est étrange, on veut échanger ce qu'on donne :
Ainsi, pour m'acquitter de ton regard à toi,
Je voudrais être un monde et te dire : prends-moi !
Née avant toi... Douleur ! tu le verrais peut-être,
Si je vivais trop tard. Ne le fais point paraître ;
Ne dis pas que l'amour sait compter ; trompe-moi ;
Je m'en ressouviendrai pour mourir avant toi !

J'AVAIS FROID

Je l'ai rêvé ! c'eût été beau
De s'appeler ta bien-aimée ;
D'entrer sous ton aile enflammée,
Où l'on monte par le tombeau :
Il résume une vie entière,
Ce rêve lu dans un regard :
Je sais pourtant que ta paupière
En troubla mes jours par hasard.

Non, tu ne cherchais pas mes yeux
Quand tu leur appris la tendresse ;
Ton cœur s'essayait sans ivresse,
Il avait froid, sevré des cieux :
Seule aussi dans ma paix profonde,
Vois-tu ! j'avais froid comme toi,
Et ta vie, en s'ouvrant au monde,
Laissa tomber du feu sur moi.

Je t'aime comme un pauvre enfant
Soumis au ciel quand le ciel change ;
Je veux ce que tu veux, mon ange,
Je rends les fleurs qu'on me défend.
Couvre de larmes et de cendre,
Tout le ciel de mon avenir :
Tu m'élevas, fais-moi descendre ;
Dieu n'ôte pas le souvenir !

HIVER

Non, ce n'est pas l'été, dans le jardin qui brille,
Où tu t'aimes de vivre, où tu ris, cœur d'enfant !
Où tu vas demander à quelque jeune fille,
Son bouquet frais comme elle et que rien ne défend.

Ce n'est pas aux feux blancs de l'aube qui t'éveille,
Qui rouvre à ta pensée un lumineux chemin,
Quand tu crois, aux parfums retrouvés de la veille,
Saisir déjà l'objet qui t'a dit : "A demain !"

Non ! ce n'est pas le jour, sous le soleil d'où tombent
Les roses, les senteurs, les splendides clartés,
Les terrestres amours qui naissent et succombent,
Que tu dois me rêver pleurante à tes côtés :

C'est l'hiver, c'est le soir, près d'un feu dont la flamme
Éclaire le passé dans le fond de ton âme.
Au milieu du sommeil qui plane autour de toi,
Une forme s'élève ; elle est pâle ; c'est moi ;

C'est moi qui viens poser mon nom sur ta pensée,
Sur ton cœur étonné de me revoir encor ;
Triste, comme on est triste, a-t-on dit, dans la mort,
À se voir poursuivi par quelque âme blessée,

Vous chuchotant tout bas ce qu'elle a dû souffrir,
Qui passe et dit : "C'est vous qui m'avez fait mourir !"

RÊVE D'UNE FEMME

Veux-tu recommencer la vie ?
Femme, dont le front va pâlir,
Veux-tu l'enfance, encor suivie
D'anges enfants pour l'embellir ?
Veux-tu les baisers de ta mère
Échauffant tes jours au berceau ?
— "Quoi ? mon doux Éden éphémère ?
Oh ! oui, mon Dieu ! c'était si beau !"

Sous la paternelle puissance
Veux-tu reprendre un calme essor ?
Et dans des parfums d'innocence
Laisser épanouir ton sort ?
Veux-tu remonter le bel âge,
L'aile au vent comme un jeune oiseau ?
— "Pourvu qu'il dure davantage,
Oh ! oui, mon Dieu ! c'était si beau !"

Veux-tu rapprendre l'ignorance
Dans un livre à peine entr'ouvert :
Veux-tu ta plus vierge espérance,
Oublieuse aussi de l'hiver :
Tes frais chemins et tes colombes,
Les veux-tu jeunes comme toi ?
— "Si mes chemins n'ont plus de tombes,
Oh ! oui, mon Dieu ! rendez-les moi !"

Reprends-donc de ta destinée,
L'encens, la musique, les fleurs !
Et reviens, d'année en année,
Au temps qui change tout en pleurs ;
Va retrouver l'amour, le même !
Lampe orageuse, allume-toi !
"— Retourner au monde où l'on aime...
Ô mon Sauveur ! éteignez-moi !"

FLEUR D'ENFANCE

L'haleine d'une fleur sauvage,
En passant tout près de mon cœur,
Vient de m'emporter au rivage,
Où naguère aussi j'étais fleur :
Comme au fond d'un prisme où tout change,
Où tout se relève à mes yeux,
Je vois un enfant aux yeux d'ange :
C'était mon petit amoureux !

Parfum de sa neuvième année,
Je respire encor ton pouvoir ;
Fleur à mon enfance donnée,
Je t'aime ! comme son miroir.
Nos jours ont séparé leur trame,
Mais tu me rappelles ses yeux ;
J'y regardais flotter mon âme :
C'était mon petit amoureux !

De blonds cheveux en auréole,
Un regard tout voilé d'azur,
Une brève et tendre parole,
Voilà son portrait jeune et pur :
Au seuil de ma pauvre chaumière
Quand il se sauvait de ses jeux,

Que ma petite âme était fière ;
C'était mon petit amoureux !

Cette ombre qui joue à ma rive
Et se rapproche au moindre bruit,
Me suit, comme un filet d'eau vive,
À travers mon sentier détruit :
Chaste, elle me laisse autour d'elle
Enlacer un chant douloureux ;
Hélas ! ma seule ombre fidèle,
C'est vous ! mon petit amoureux !

Femme ! à qui ses lèvres timides
Ont dit ce qu'il semblait penser,
Au temps où nos lèvres humides
Se rencontraient sans se presser ;
Vous ! qui fûtes son doux Messie,
L'avez-vous rendu bien heureux ?
Du cœur je vous en remercie :
C'était mon petit amoureux !

À MONSIEUR A.L.

Vous demandez pourquoi je suis triste : à quels yeux
Voyez-vous aujourd'hui le sourire fidèle ?
Quand la foudre a croisé le vol de l'hirondelle,
Elle a peur et s'enferme avec ses tendres œufs.

Jugez s'ils sont éclos ! jugez si son haleine
Passe dans le duvet dont se recouvre à peine,
Leur petite âme nue et leur gosier chanteur,
Pressé d'aller aux cieux saluer leur auteur !

Et quand le plomb mortel fait trembler chaque feuille,
Et les nids et l'orchestre et les hymnes d'un bois ;
Jugez comme l'oiseau dont l'instinct se recueille,
Retient avec effort ses ailes et sa voix !

Enfin, si dans son arbre on voit bouger sa tête,
Si pour ne pas mourir il chante encor son cœur,
Poète ! étonnez-vous que l'humaine tempête,
Ait trempé tout ce chant d'une étrange douleur !

Sous quelques rameaux verts, jardin de ma fenêtre,
Ma seule terre à moi qui m'ait donné des fleurs,
Rêveuse aux doux parfums qu'avril laissait renaître,
J'ai vu d'un noir tableau se broyer les couleurs :

Quand le sang inondait cette ville éperdue,
Quand la tombe et le plomb balayant chaque rue,
Excitaient les sanglots des tocsins effrayés,
Quand le rouge incendie aux longs bras déployés,
Étreignait dans ses nœuds les enfants et les pères,
Refoulés sous leurs toits par les feux militaires,
J'étais là ! quand brisant les caveaux ébranlés,
Pressant d'un pied cruel les combles écroulés,
La mort disciplinée et savante au carnage,
Étouffait lâchement le vieillard, le jeune âge,
Et la mère en douleurs près d'un vierge berceau,
Dont les flancs refermés se changeaient en tombeau,
J'étais là : j'écoutais mourir la ville en flammes ;
J'assistais vive et morte au départ de ces âmes,
Que le plomb déchirait et séparait des corps,
Fête affreuse où tintaient de funèbres accords :
Les clochers haletants, les tambours et les balles ;
Les derniers cris du sang répandu sur les dalles ;
C'était hideux à voir : et toutefois mes yeux
Se collaient à la vitre et cherchaient par les cieux,
Si quelque âme visible en quittant sa demeure,
Planait sanglante encor sur ce monde qui pleure ;
J'écoutais si mon nom, vibrant dans quelque adieu,
N'excitait point ma vie à se sauver vers Dieu :
Mais le nid qui pleurait ! mais le soldat farouche,
Ilote, outrepassant son horrible devoir,
Tuant jusqu'à l'enfant qui regardait sans voir,
Et rougissant le lait encor chaud dans sa bouche...
Oh ! devinez pourquoi dans ces jours étouffants,
J'ai retenu mon vol aux cris de mes enfants :
Devinez ! devinez dans cette horreur suprême,
Pourquoi, libre de fuir sous le brûlant baptême,
Mon âme qui pliait dans mon corps à genoux,
Brava toutes ces morts qu'on inventait pour nous !

Savez-vous que c'est grand tout un peuple qui crie !
Savez-vous que c'est triste une ville meurtrie,
Appelant de ses sœurs la lointaine pitié,
Et cousant au linceul sa livide moitié,
Écrasée au galop de la guerre civile !
Savez-vous que c'est froid le linceul d'une ville !
Et qu'en nous revoyant debout sur quelques seuils
Nous n'avions plus d'accents pour lamenter nos deuils !

Écoutez, toutefois, le gracieux prodige,
Qui me parla de Dieu dans l'inhumain vertige ;
Écoutez ce qui reste en moi d'un chant perdu,
Succédant d'heure en heure au canon suspendu :
Lorsqu'après de longs bruits un lugubre silence,
Offrant de Pompéï la morne ressemblance,
Immobilisait l'âme aux bonds irrésolus ;
Quand Lyon semblait morte et ne respirait plus ;

Je ne sais à quel arbre, à quel mur solitaire,
Un rossignol caché, libre entre ciel et terre,
Prenant cette stupeur pour le calme d'un bois,
Exhalait sur la mort son innocente voix !

Je l'entendis sept jours au fond de ma prière ;
Seul *requiem* chanté sur le grand cimetière :
Puis, la bombe troua le mur mélodieux,
Et l'hymne épouvantée alla finir aux cieux !

Depuis, j'ai renfermé comme en leur chrysalide,
Mes ailes, qu'au départ il faut étendre encor,
Et l'oreille inclinée à votre hymne limpide,
Je laisse aller mon âme en ce plaintif accord.

Lyon, 1834.

CANTIQUE DES MÈRES

Reine pieuse aux flancs de mère,
Écoutez la supplique amère
Des veuves aux rares deniers
Dont les fils sont vos prisonniers :
Si vous voulez que Dieu vous aime
Et pardonne au geôlier lui-même,
Priez d'un salutaire effroi
Pour tous les prisonniers du roi !

On dit que l'on a vu des larmes
Dans vos regards doux et sans armes ;
Que Dieu fasse tomber ces pleurs,
Sur un front gros de nos malheurs.
Soulagez la terre en démence ;
Faites-y couler la clémence ;
Et priez d'un céleste effroi
Pour tous les prisonniers du roi !

Car ce sont vos enfants, madame,
Adoptés au fond de votre âme,
Quand ils se sont, libres encor,
Rangés sous votre rameau d'or ;
Rappelez aux royales haines
Ce qu'ils font un jour de leurs chaînes ;

Et priez d'un prudent effroi
Pour tous les prisonniers du roi !

Ne sentez-vous pas vos entrailles
Frémir des fraîches funérailles
Dont nos pavés portent le deuil ?
Il est déjà grand le cercueil !
Personne n'a tué vos filles ;
Rendez-nous d'entières familles :
Priez d'un maternel effroi
Pour tous les prisonniers du roi !

Comme Esther s'est agenouillée
Et saintement humiliée
Entre le peuple et le bourreau,
Rappelez le glaive au fourreau ;
Vos soldats vont la tête basse,
Le sang est lourd, la haine lasse :
Priez d'un courageux effroi
Pour tous les prisonniers du roi !

Ne souffrez pas que vos bocages
Se changent en lugubres cages ;
Tout travail d'homme est incomplet ;
C'est en vain qu'on tend le filet,
Devant ceux qui gardent leurs ailes.
Pour qu'un jour les vôtres soient belles,
Priez d'un angélique effroi
Pour tous les prisonniers du roi !

Madame ! les geôles sont pleines ;
L'air y manque pour tant d'haleines ;
Nos enfants n'en sortent que morts !
Où commence donc le remords ?
S'il est plus beau que l'innocence,
Qu'il soit en aide à la puissance,

Et priez d'un ardent effroi
Pour tous les prisonniers du roi !

C'est la faim, croyez-en nos larmes,
Qui, fiévreuse, aiguisa leurs armes.
Vous ne comprenez pas la faim :
Elle tue, on s'insurge enfin !
Ô vous ! dont le lait coule encore,
Notre sein tari vous implore :
Priez d'un charitable effroi
Pour tous les prisonniers du roi !

Voyez comme la Providence
Confond l'oppressive imprudence ;
Comme elle ouvre avec ses flambeaux,
Les bastilles et les tombeaux ;
La liberté, c'est son haleine
Qui d'un rocher fait une plaine :
Priez d'un prophétique effroi
Pour tous les prisonniers du roi !

Quand nos cris rallument la guerre,
Cœur sans pitié n'en trouve guère ;
L'homme qui n'a rien pardonné ;
Se voit par l'homme abandonné ;
De noms sanglants, dans l'autre vie,
Sa terreur s'en va poursuivie ;
Priez d'un innocent effroi
Pour tous les prisonniers du roi !

Reine ! qui dites vos prières,
Femme ! dont les chastes paupières
Savent lire au livre de Dieu ;
Par les maux qu'il lit en ce lieu,
Par la croix qui saigne et pardonne,
Par le haut pouvoir qu'il vous donne :

Reine ! priez d'un humble effroi
Pour tous les prisonniers du roi !

Avant la couronne qui change,
Dieu grava sur votre front d'ange,
Comme un impérissable don :
"Amour ! amour ! pardon ! pardon !"
Colombe envoyée à l'orage,
Soufflez ces mots dans leur courage :
Et priez de tout notre effroi,
Pour tous les prisonniers du roi.

Redoublez vos divins exemples,
Madame ! le plus beau des temples,
C'est le cœur du peuple ; entrez-y !
Le roi des rois l'a bien choisi.
Vous ! qu'on aimait comme sa mère,
Pesez notre supplique amère,
Et priez d'un sublime effroi
Pour tous les prisonniers du roi !

Lyon, 1834.

CANTIQUE DES BANNIS

À Notre-Dame de Fourvières

1835

Notre-Dame des voyages,
Du fond des moites nuages,
Faites sur notre manteau,
Scintiller votre flambeau :
Des monts éclairez la cime ;
À nos pieds montrez l'abîme,
Et soufflez-nous quelquefois,
Pour chanter, un peu de voix !

Vierge aux palais inconnue,
Dont le trône est sur la nue,
Sentiers mobiles et blancs,
Où montent nos vœux tremblants,
Quand les pauvres de la terre,
Cherchent l'eau qui désaltère,
Vierge ! entremêlez leurs pleurs,
D'un peu de miel et de fleurs !

Soutenez la femme blonde,
Suivant par la terre et l'onde,

Sur chaque bras un enfant,
Leur père à l'exil mouvant ;
Prêtez-lui l'humble auréole,
Qui perce, épure, console,
De tristes maisons du roi
Où les prisonniers ont froid !

Dans les yeux de cette femme,
Mettez une sainte flamme,
Pour éclairer les cachots,
De rayons libres et chauds ;
Quand un captif la regarde,
Que cet ange qui le garde,
Dise à chacun de ses jours :
"Les rois un temps ; Dieu toujours !"

Notre-Dame de la vie !
Tant priée et tant suivie,
Debout sur les flots errants
Des jours comme nous courants,
Vous, la seule souveraine,
Abaissez vos mains de reine,
Sur votre peuple à genoux,
Puis après, pensez à nous !

Ce peuple est une grande âme,
Tout nue, ô Notre-Dame !
Dont la vie est un long deuil,
Et la chair un froid linceuil.
Chassez l'autan qui le couvre ;
Car je sens mon cœur qui s'ouvre,
Stérile aux chers malheureux,
Qui n'a que des pleurs pour eux !

Notre-Dame de Fourvières,
Rallumez quelques lumières,

Dans les ateliers éteints
D'un affreux silence atteints ;
Car le soir trop redoutable,
Monte étrange et lamentable,
Une lugubre clameur,
De ce grand corps qui se meurt.

Autant qu'on l'a fait à plaindre,
Qu'il serait bientôt à craindre,
Ce courage errant le soir,
Et qui tombe sans s'asseoir,
Si dans sa course affamée,
Vierge triste et bien-aimée,
Il n'avait peur de vos yeux,
Entre la mort et les cieux !

Si ce chrétien sous sa chaîne,
Ne buvait dans son haleine,
Avec l'air qui l'a nourri,
Votre nom pur et chéri,
Terrible avant de s'étendre,
Aurait-il le temps d'attendre,
Le front voilé d'un lambeau,
Son droit d'asile au tombeau !

Enfin, si la pauvre voile
Sans boussole, sans étoile,
Poussée à d'autres hasards,
Attire vos doux regards,
Après ces graves misères,
N'oubliez pas les prières,
De ceux qui bannis toujours,
Rament leurs ans et leurs jours !

Inclinez-vous pour entendre,
Notre hymne sauvage et tendre,

Et que les bergers des champs,
Vendent leur lait à nos chants ;
Puis, soufflez à la souffrance,
L'air où nage l'espérance,
Vierge ! et plaignez ici-bas,
Les douleurs qu'on n'y plaint pas !

Lyon,...

SOL NATAL

À monsieur Henry B...

Il sera fait ainsi qu'Henry me le demande,
Dans sa tristesse écrite à sa sœur la Flamande.

Il lui sera donné cette part de mon cœur,
Où la pensée intime est toute retirée,
Toute grave, et contente, et de bruit délivrée,
Pour s'y réfugier comme en un coin rêveur ;
Afin que s'il n'a pas auprès de lui sa mère,
Pour l'aider à porter quelque surprise amère,
Étonné de ce monde et déjà moins content,
Il ne dise jamais : "Personne ne m'entend !"

N'est-il pas de ces jours où l'on ne sait que croire ;
Où tout se lève amer au fond de la mémoire ;
Où tout fait remonter les limons amassés,
Sous la surface unie où nos ans sont passés ?

Mémoire ! étang profond couvert de fleurs légères ;
Lac aux poissons dormeurs tapis dans les fougères,
Quand la pitié du temps, quand son pied calme et sûr,
Enfoncent le passé dans ton flot teint d'azur,
Mémoire ! au moindre éclair, au moindre goût d'orage,

Tu montres tes secrets, tes débris, tes naufrages,
Et sur ton voile ouvert les souffles les plus frais,
Ne font longtemps trembler que larmes et cyprès !
Lui ! s'il a de ces jours qui font pencher la vie,
Dont la mienne est partout devancée ou suivie,
S'il achète si cher le secret des couleurs,
Qui le proclament peintre et font jaillir les pleurs ;
Si tu caches déjà ses lambeaux d'espérance,
L'illusion trahie et morte de souffrance,
Qu'il ne soulève plus que la pâleur au front,
Dans ton flot le plus sombre engloutis cet affront :
Qu'il vienne alors frapper à mon cœur solitaire,
Où l'écho du pays n'a jamais pu se taire ;
Qu'il y laisse tomber un mot du sol natal,
Pareil à l'eau du ciel sur une herbe flétrie,
Qui dans l'œil presque mort ranime la patrie,
Et mon cœur bondira comme un vivant métal !
Sur ma veille déjà son âme s'est penchée,
Et de cette âme en fleur les ailes m'ont touchée,
Et dans son jeune livre où l'on entend son cœur,
J'ai vu qu'il me disait : "Je vous parle, ma sœur !"

Là, comme on voit dans l'eau, d'ombre et de ciel
                                    [couverte,
Frissonner les vallons et les arbres mouvants,
Qui dansent avec elle au rire frais des vents,
J'ai regardé passer de notre Flandre verte,
Les doux tableaux d'église aux montantes odeurs,
Et de nos hauts remparts les calmes profondeurs ;
Car le livre est limpide et j'y suis descendue,
Comme dans une fête où j'étais attendue ;
Où toutes les clartés du maternel séjour,
Ont inondé mes yeux, tant la page est à jour !
Puis, sur nos toits en fleurs j'ai revu nos colombes,
Transfuges envolés d'un paradis perdu,
Redemandant leur ciel dans un pleur assidu ;

Puis, les petits enfants qui sautent sur les tombes,
Aux lugubres arpents bordés d'humbles maisons,
D'où l'on entend bruire et germer les moissons ;
Ils vont, les beaux enfants ! dans ces clos sans
                                        [concierge,
Ainsi que d'arbre en arbre un doux fil de la vierge,
Va, dans les jours d'été s'allongeant au soleil,
Ils vont, comme attachant la vie à ce sommeil,
Que le bruit ne rompt pas, frère ! où l'oreille éteinte,
N'entend plus ni l'enfant ni la cloche qui tinte ;
Où j'allais, comme vont ces âmes sans remord,
Respirer en jouant les parfums de la mort ;
Sans penser que jamais père, mère, famille,
La blonde sœur d'école, ange ! ou fluide fille,
Feraient un jour hausser la terre tout en croix,
Et deviendraient ces monts immobiles et froids !
Ah ! j'ai peur de crier, quand je m'entends moi-même,
Parler ainsi des morts qui me manquent ! que j'aime !
Que je veux ! que j'atteins avec mon souvenir,
Pour regarder en eux ce qu'il faut devenir !

Quand ma mémoire monte où j'ai peine à la suivre,
On dirait que je vis en attendant de vivre ;
Je crois toujours tomber hors des bras paternels
Et ne sais où nouer mes liens éternels !

Jugez si ce fut doux pour ma vie isolée,
Au chaume de ma mère en tout temps rappelée,
Par cet instinct fervent qui demande toujours,
Frère ! un peu d'air natal ! frère ! un peu de ces jours,
De ces accents lointains qui désaltèrent l'âme,
Dont votre livre en pleurs vient d'humecter la flamme ;
Jugez si ce fut doux d'y respirer enfin,
Ces natives senteurs dont l'âme a toujours faim !
D'y trouver une voix qui chante avec des larmes,
Comme toutes les voix dont j'ai perdu les charmes !

Vous ! loin de nos ruisseaux, si frais au moissonneur,
Avez-vous jamais bu votre soif de bonheur ?
Moi, jamais. Moi, toujours j'ai langui dans ma joie :
Oui ! toujours quand la fête avait saisi ma main,
La musique en pleurant jouait : "Demain ! demain !"
Et mon pied ralenti se perdait dans sa voie.

Comme un rêve passager,
Partout où terre m'emporte,
Je ne trouve pas ma porte
Et frappe au seuil étranger :

Pour la faible voyageuse,
Oh ! qu'il fait triste ici-bas !
Oh ! que d'argile fangeuse,
Y fait chanceler ses pas !
Mais son âme est plus sensible,
Plus prompte, plus accessible
Au gémissement humain ;
Et pauvre sur cette route,
Où personne ne l'écoute,
Au pauvre elle étend sa main !
Et des feuilles qui gémissent,
En se détachant des bois,
Et des sources qui frémissent,
Elle comprend mieux les voix :
Ce mystérieux bréviaire,
Lui raconte une prière,
Qui monte de toutes parts ;
Plainte que la terre pousse,
Depuis la rampante mousse,
Jusqu'aux chênes des remparts !

C'est alors qu'elle donne une voix à ses larmes,
Puisant dans ses regrets d'inépuisables charmes ;
C'est alors qu'elle écoute et qu'elle entend son nom,

Sortir d'un cœur qui s'ouvre et qui ne dit plus : Non !
Elle chante : un grillon dans l'immense harmonie,
Jette un cri dont s'émeut la sagesse infinie ;
Puis, montant à genoux la cime de son sort,
Elle s'en va chanter, souffrir, aimer encor !

Ainsi, venez ! et comme en un pèlerinage,
On pressent le calvaire aux croix du voisinage,
Venez où je reprends haleine quelquefois,
Où Dieu, par tant de pleurs daigne épurer ma voix.
Apportez-y la vôtre afin que j'y réponde ;
La mienne est sans écho pour la redire au monde :
Je ne suis pas du monde et mes enfants joyeux,
N'ont encor bien compris que les mots de leurs jeux.
Le temps leur apprendra ceux où vibrent les larmes ;
Moi, de leurs fronts sans plus j'écarte les alarmes,
Comme on chasse l'insecte aux belles fleurs d'été,
Qui menace de loin leur tendre velouté.
Oh ! qu'il me fût donné de prolonger leur âge,
Alors qu'avec amour ils ouvrent mes cheveux,
Pour contempler longtemps jusqu'au fond de mes
                                                    [yeux,
Non mes troubles celés, mais leur limpide image ;
Toujours ravis que Dieu leur ait fait un miroir,
Dans ce sombre cristal qui voit et laisse voir !
Mais, je n'éclaire pas leurs limbes que j'adore,
Je me nourris à part de maternels tourments ;
Leurs dents, leurs jeunes dents sont trop faibles
N'est-ce pas, pour broyer ces amers aliments ! [encore,
Ils vous adopteront si vous cherchez leur père,
Ce maître sans rigueur de mon humble maison,
Dont les jeunes chagrins ont mûri la raison ;
Et moi, lierre qui tremble à son toit solitaire !

Dans cette ville étrange où j'arrive toujours ;
Dans ce bazar sanglant où s'entr'ouvrent leurs jours,

Où la maison bourdonne et vit sans nous connaître,
Ils ont fait un jardin sous la haute fenêtre ;
Et nous avons par jour un rayon de soleil,
Qui fait l'enfant robuste et le jardin vermeil !

Lyon, 1836

AU CHRIST

Que je vous crains ! que je vous aime !
Que mon cœur est triste et navré !
Seigneur ! suis-je un peu de vous-même
Tombé de votre diadème :
Ou suis-je un pauvre ange égaré ?

Du sable où coulèrent vos larmes
Mon âme jaillit-elle un jour ?
Tout ce que j'aime a-t-il des armes,
Pour me faire trouver des charmes
Dans la mort, que but votre amour ?

Seigneur ! parlez-moi, je vous prie !
Je suis seule sans votre voix ;
Oiseau sans ailes, sans patrie,
Sur la terre dure et flétrie,
Je marche et je tombe à la fois !

Fleur d'orage et de pleurs mouillée,
Exhalant sa mourante odeur,
Au pied de la croix effeuillée,
Seigneur, ma vie agenouillée
Veut monter à votre grandeur !

Voyez : je suis comme une feuille
Qui roule et tourbillonne au vent ;
Un rêve las qui se recueille ;
Un lin desséché que l'on cueille
Et que l'on déchire souvent.

Sans savoir, d'indolence extrême,
Si l'on a marché sur mon cœur,
Brisé par une main qu'on aime,
Seigneur ! un cheveu de nous-même,
Est si vivant à la douleur !

Au chemin déjà solitaire,
Où deux êtres unis marchaient,
Les voilà séparés... mystère !
On a jeté bien de la terre
Entre deux cœurs qui se cherchaient !

Ils ne savent plus se comprendre ;
Qu'ils parlent haut, qu'ils parlent bas,
L'écho de leur voix n'est plus tendre ;
Seigneur ! on sait donc mieux s'entendre,
Alors qu'on ne se parle pas ?

L'un, dans les sillons de la plaine,
Suit son veuvage douloureux ;
L'autre, de toute son haleine,
De son jour, de son aile pleine,
Monte ! monte ! et se croit heureux !

Voyez : à deux pas de ma vie,
Sa vie est étrangère à moi,
Pauvre ombre qu'il a tant suivie,
Tant aimée et tant asservie !
Qui mis tant de foi dans sa foi !

Moi, sous l'austère mélodie
Dont vous m'envoyez la rumeur,
Mon âme soupire agrandie,
Mon corps se fond en maladie
Et mon souffle altéré se meurt.

Comme l'enfant qu'un rien ramène,
L'enfant dont le cœur est à jour,
Faites-moi plier sous ma chaîne ;
Et désapprenez-moi la haine,
Plus triste encore que l'amour !

Une fois dans la nuit profonde
J'ai vu passer votre lueur :
Comme alors, enfermée au monde,
Pour parler à qui me réponde,
Laissez-moi vous voir dans mon cœur !

Rendez-moi, Jésus que j'adore,
Un songe où je m'abandonnais :
Dans nos champs que la faim dévore,
J'expiais... j'attendais encore ;
Mais, j'étais riche et je donnais !

Je donnais et, surprise sainte,
On ne raillait plus ma pitié ;
Des bras du pauvre j'étais ceinte,
Et l'on ne mêlait plus l'absinthe
Aux larmes de mon amitié !...

Je donnais la vie au coupable,
Et le temps à son repentir !
Je rachetais à l'insolvable ;
Et pour payer l'irréparable,
J'offrais l'amour seul et martyr.

DANS LA RUE

par un jour funèbre de Lyon

LA FEMME

Nous n'avons plus d'argent pour enterrer nos morts.
Le prêtre est là, marquant le prix des funérailles ;
Et les corps étendus, troués par les mitrailles,
Attendent un linceul, une croix, un remords.

Le meurtre se fait roi. Le vainqueur siffle et passe.
Où va-t-il ? Au Trésor, toucher le prix du sang.
Il en a bien versé... mais sa main n'est pas lasse ;
Elle a, sans le combattre, égorgé le passant.

Dieu l'a vu. Dieu cueillait comme des fleurs froissées
Les femmes, les enfants qui s'envolaient aux cieux.
Les hommes... les voilà dans le sang jusqu'aux yeux.
L'air n'a pu balayer tant d'âmes courroucées.

Elles ne veulent pas quitter leurs membres morts.
Le prêtre est là, marquant le prix des funérailles ;
Et les corps étendus, troués par les mitrailles,
Attendent un linceul, une croix, un remords.

Les vivants n'osent plus se hasarder à vivre.
Sentinelle soldée, au milieu du chemin,
La mort est un soldat qui vise et qui délivre
Le témoin révolté qui parlerait demain...

DES FEMMES

Prenons nos rubans noirs, pleurons toutes nos larmes ;
On nous a défendu d'emporter nos meurtris.
Ils n'ont fait qu'un monceau de leurs pâles débris :
Dieu ! bénissez-les tous ; ils étaient tous sans armes !

Bouquets et prières

(1843)

JOURS D'ÉTÉ

Ma sœur m'aimait en mère : elle m'apprit à lire.
Ce qu'elle y mit d'ardeur ne saurait se décrire :
Mais l'enfant ne sait pas qu'apprendre, c'est courir,
Et qu'on lui donne, assis, le monde à parcourir.
Voir ! voir ! l'enfant veut voir. Les doux bruits de la
Albertine charmante à la vitre apparue,   [rue,
Élevant ses bouquets, ses volants, et là-bas,
Les jeux qui m'attendaient et ne commençaient pas ;
Oh ! le livre avait tort ! Tous les livres du monde,
Ne valaient pas un chant de la lointaine ronde,
Où mon âme sans moi tournait de main en main,
Quand ma sœur avait dit : "Tu danseras demain."

Demain, c'était jamais ! Ma jeune providence,
Nouant d'un fil prudent les ailes de la danse,
Me répétait en vain toute grave et tout bas :
"Vois donc : je suis heureuse, et je ne danse pas."

> J'aimais tant les anges
> Glissant au soleil !
> Ce flot sans mélanges,
> D'amour sans pareil,

147

          Étude vivante
          D'avenirs en fleurs ;
          École savante,
          Savante au bonheur !

Pour regarder de près ces aurores nouvelles,
Mes six ans curieux battaient toutes leurs ailes ;
Marchant sur l'alphabet rangé sur mes genoux,
La mouche en bourdonnant me disait : Venez-vous ?...
Et mon nom qui tintait dans l'air ardent de joie,
Les pigeons sans liens sous leur robe de soie,
Mollement envolés de maison en maison,
Dont le fluide essor entraînait ma raison ;
Les arbres, hors des murs poussant leurs têtes vertes ;
Jusqu'au fond des jardins les demeures ouvertes ;
Le rire de l'été sonnant de toutes parts,
Et le congé, sans livre ! errant aux vieux remparts :
Tout combattait ma sœur à l'aiguille attachée ;
Tout passait en chantant sous ma tête penchée ;
Tout m'enlevait, boudeuse et riante à la fois ;
Et l'alphabet toujours s'endormait dans ma voix.

Oui ! l'enfance est poète. Assise ou turbulente,
Elle reconnaît tout empreint de plus haut lieu :
L'oiseau qui jette au loin sa musique volante,
          Lui chante une lettre de Dieu !

Moi, j'y reviens toujours à l'enfance chérie,
Comme un pâle exilé cherche au loin sa patrie,
Bel âge qui demande *en quoi sont faits les morts*
Et dit avec Malcolm "Qu'est-ce que le Remords ?"
Esprit qui passe, ouvrant ton aile souple et forte
Au souffle impérieux qui l'enivre et l'emporte,
D'où vient qu'à ton beau rêve, où se miraient les
                                        [cieux,
Je sens fondre une larme en un coin de mes yeux ?

C'est qu'aux flots de lait pur que me versait ma mère,
Ne se mêlait alors pas une goutte amère ;
C'est qu'on baisait l'enfant qui criait : Tout pour moi !
C'est qu'on lui répondait encore : "Oui ! tout pour
                                                    [toi ;
Veux-tu le monde aussi ? tu l'auras, ma jeune âme."
Hélas ! qu'avons-nous eu ? belle Espérance ! ô femme !
Ô toi qui m'as trompée avec tes blonds cheveux,
Tes chants de rossignol et tes placides jeux !

Ma sœur : ces jours d'été nous les courions ensemble.
Je reprends sous leurs flots ta douce main qui
Je t'aime du bonheur que tu tenais de moi ; [tremble ;
Et mes soleils d'alors se rallument sur toi !

Mais j'épelais enfin : l'esprit et la lumière,
Éclairaient par degrés la page, la première
D'un beau livre, terni sous mes doigts, sous mes pleurs,
Où la Bible aux enfants ouvre toutes ses fleurs :
Pourtant c'est par le cœur, cette bible vivante,
Que je compris bientôt qu'on me faisait savante :
Dieu ! le jour n'entre-t-il dans notre entendement,
Que trempé pour jamais d'un triste sentiment !

Un frêle enfant manquait aux genoux de ma mère :
Il s'était comme enfui par une bise amère,
Et, disparu du rang de ses petits amis,
Au berceau blanc, le soir, il ne fut pas remis.
Ce vague souvenir sur ma jeune pensée
Avait pesé deux ans, et puis m'avait laissée.
Je ne comprenais plus pourquoi, pâle de pleurs,
Ma mère, vers l'église allait avec ses fleurs.
L'église, en ce temps-là, des vertes sépultures,
Se composait encor de sévères ceintures,
Et versant sur les morts ses longs hymnes fervents,
Au rendez-vous de tous appelait les vivants.

149

C'était beau d'enfermer dans une même enceinte,
La poussière animée et la poussière éteinte ;
C'était doux, dans les fleurs éparses au saint lieu,
De respirer son père en visitant son Dieu.

    J'y pense ; un jour de tiède et pâle automne,
    Après le mois qui consume et qui tonne,
    Près de ma sœur et ma main dans sa main,
    De Notre-Dame ayant pris le chemin
    Tout sinueux, planté de croix fleuries,
    Où se mouraient des couronnes flétries,
    Je regardais avec saisissement
    Ce que ma sœur saluait tristement.
    La lune large avant la nuit levée,
    Comme une lampe avant l'heure éprouvée,
    D'un reflet rouge enluminait les croix,
    L'église blanche et tous ces lits étroits ;
    Puis, dans les coins le chardon solitaire
    Éparpillait ses flocons sur la terre.

    Sans deviner ce que c'est que mourir,
    Devant la mort je n'osai plus courir.
    Un ruban gris qui serpentait dans l'herbe,
    De résédas nouant l'humide gerbe,
    Tira mon âme au tertre le plus vert,
    Sous la madone au flanc sept fois ouvert.
    Là, j'épelai notre nom de famille,
    Et je pâlis, faible petite fille ;
    Puis, mot à mot : "Notre dernier venu
    Est passé là vers le monde inconnu !"
    Cette leçon, aux pieds de Notre-Dame,
    Mouilla mes yeux et dessilla mon âme.
    Je savais lire, et j'appris sous des fleurs
    Ce qu'une mère aime avec tant de pleurs.
    Je savais lire ! et je pleurai moi-même.
    Merci, ma sœur : on pleure dès qu'on aime.

Si jeune donc que soit le souvenir,
C'est par un deuil qu'il faut y revenir ?

Mais, que j'aime à t'aimer, sœur charmante et sévère,
Qui reçus pour nous deux l'instinct qui persévère ;
Rayon droit du devoir, humble, ardent et caché,
Sur mon aveugle vie à toute heure épanché !
Oh ! si Dieu m'aime encore ; oh ! si Dieu me
                                        [remporte,
Comme un rêve flottant, sur le seuil de ta porte,
Devant mes traits changés si tu fermes tes bras,
Je saisirai ta main... tu me reconnaîtras !

MA CHAMBRE

Ma demeure est haute,
Donnant sur les cieux ;
La lune en est l'hôte,
Pâle et sérieux :
En bas que l'on sonne,
Qu'importe aujourd'hui ?
Ce n'est plus personne,
Quand ce n'est pas lui !

Aux autres cachée,
Je brode mes fleurs ;
Sans être fâchée,
Mon âme est en pleurs :
Le ciel bleu sans voiles,
Je le vois d'ici ;
Je vois les étoiles :
Mais l'orage aussi !

Vis-à-vis la mienne
Une chaise attend :
Elle fut la sienne,
La nôtre un instant :
D'un ruban signée,
Cette chaise est là,
Toute résignée,
Comme me voilà !

DÉPART DE LYON

À Madame A. Dupin

Dieu vous garde, humbles fleurs sous la tuile venues ;
Ouvrez un frais sourire à ce vieux bâtiment.
Comme on voudrait mourir, vous mourez inconnues,
Et votre vie à l'ombre est un divin moment !

Dieu vous garde à qui pleure, à qui va de vos charmes
Humecter sa prière, attendrir ses regrets !
Inclinez-vous ce soir sous les dernières larmes
Qui s'épanchent sur vous du fond de mes secrets.

J'ai compté sur mes doigts : voici que trois années
Ont balancé sur vous leurs éternels instants ;
Dans ce bruyant désert, nos frêles destinées
Se sont prises d'amour. Vous vivez ; moi, j'attends.

Par les beaux clairs de lune, aux lambris de ma
                                        [chambre
Que de bouquets mouvants avez-vous fait pleuvoir !
Que de fois vos parfums, faute de myrrhe et d'ambre,
Moururent, aux saints jours, sous mon Christ en bois
                                        [noir !

À tout exil sa fleur ! Lorsqu'entre ciel et terre
Je semais devant Dieu votre subtil encens,
J'ai souhaité qu'une âme ardente et solitaire
Rafraîchît sur vos fronts son aile et ses accents.

Vouant à l'eau du ciel votre parfum sauvage,
Sur ce mur étonné de produire des fleurs,
J'ai dit au passereau qui descend de l'orage :
"Viens ! j'ai semé pour toi ces humides couleurs."

Et Dieu voulut qu'un jour, se frayant une voie,
À ma vitre plombée où pendent vos rameaux,
Sous un volet brisé, l'oiseau trouvât la joie
Et s'abritât sans peur comme au toit des hameaux.

Sortis de vos plis verts où les jasmins respirent,
Que de songes sur moi vinrent causer le soir !
Ces papillons du ciel, qui chantent et soupirent,
Sur le sommeil du pauvre aiment tant à s'asseoir !

D'autres pauvres viendront ; c'est en haut qu'ils
[habitent :
Les indigents bénis ont du moins le grand jour,
Les scintillantes nuits, les mondes qui gravitent,
Et le soleil entier traversant leur séjour.

Dieu vous garde pour eux ! Moi je pars, moi je passe,
Comme à travers les champs un filet d'eau s'en va ;
Comme un oiseau s'enfuit, je m'en vais dans l'espace
Chercher l'immense amour où mon cœur s'abreuva.

Charme des blés mouvants ! fleurs des grandes prairies !
Tumulte harmonieux élevé des champs verts !
Bruits des nids ! flots courants ! chantantes rêveries !
N'êtes-vous qu'une voix parcourant l'univers ?

Oui, partout où je marche une voix me rappelle ;
Voix du berceau lointain qui ressaisit le cœur,
Voix qui trouble et se plaint de l'enfant infidèle
Dont le sort se fit triste en cherchant le bonheur ;

Étreinte dans l'absence, accolade éternelle,
Mystérieux sanglot dont les pleurs sont en nous,
Que de fois, comme un cri de frayeur maternelle,
M'avez-vous fait bondir et tomber à genoux !

Mais quoi ! mon esprit seul, ardent missionnaire,
A revu le vieux charme ébranlé par les vents,
Et le grillon chanteur qu'on disait centenaire
    Au creux de l'âtre éteint que peuplaient huit enfants.

Huit esprits curieux du passé doux à croire,
Dont le docte grillon savait la longue histoire,
Alors que frère et sœurs, me prêtant leurs genoux,
Disaient : "Viens, Marceline, écouter avec nous."

Tandis que, poursuivant la tâche commencée,
L'aiguille s'envolait régulière et pressée,
Soumise au raconteur, j'écoutais tout le soir
Ce qu'à travers son siècle un grillon a pu voir.

J'écoutais, moi, plus frêle et partant plus aimée ;
Toute prise aux rayons de la lampe allumée,
Je veillais tard, ô joie ! et le crieur de nuit
Sonnait, sans m'effrayer, pour les morts à minuit.

J'irai, si Dieu le veut, si mon étoile brille
Et trace encor mon nom dans la Scarpe d'argent,
Enfant déshérité d'une sainte famille,
J'irai suspendre au seuil mon voyage indigent.

Ma force, c'est l'amour ; mes enfants sont mes ailes ;
Ils me remporteront à mes premières fleurs ;
Les fleurs ne vivent plus, mais je vis après elles,
Et mon cœur sait la place où je leur dois des pleurs.

Peuple encor selon Dieu ! si ta chanteuse errante
S'éteint loin des sentiers qui ramènent vers toi,
Que ton nom parle au moins sur ma cendre vibrante,
Afin que l'étranger s'incline devant moi.

Envoi

Distraite de souffrir pour saluer votre âme,
Voilà mon âme : elle est où vous souffrez, Madame !

DORS !

Dieu donne l'intelligence aux petits.

L'orage de tes jours a passé sur ma vie ;
J'ai plié sous ton sort, j'ai pleuré de tes pleurs ;
Où ton âme a monté mon âme l'a suivie ;
Pour aider tes chagrins, j'en ai fait mes douleurs.

Mais, que peut l'amitié ? l'amour prend toute une âme !
Je n'ai rien obtenu ; rien changé ; rien guéri :
L'onde ne verdit plus ce qu'a séché la flamme,
Et le cœur poignardé reste froid et meurtri.

Moi, je ne suis pas morte : allons ! moi, j'aime encore ;
J'écarte devant toi les ombres du chemin :
Comme un pâle reflet descendu de l'aurore,
Moi, j'éclaire tes yeux ; moi, j'échauffe ta main.

Le malade assoupi ne sent pas de la brise
L'haleine ravivante étancher ses sueurs ;
Mais un songe a fléchi la fièvre qui le brise ;
Dors ! ma vie est le songe où Dieu met ses lueurs.

Comme un ange accablé qui n'étend plus ses ailes,
Enferme ses rayons dans sa blanche beauté,
Cache ton auréole aux vives étincelles :
Moi je suis l'humble lampe émue à ton côté.

L'ÉGLISE D'ARONA

(Italie)

On est moins seul au fond d'une église déserte :
De son père inquiet c'est la porte entr'ouverte ;
Lui qui bénit l'enfant, même après son départ,
Lui, qui ne dit jamais : "N'entrez plus, c'est trop tard !"

Moi, j'ai tardé, Seigneur, j'ai fui votre colère,
Comme l'enfant qui tremble à la voix de son père,
Se dérobe au jardin tout pâle, tout en pleurs,
Retient son souffle et met sa tête dans les fleurs ;
J'ai tardé ! Retenant le souffle de ma plainte,
J'ai levé mes deux mains entre vous et ma crainte ;
J'ai fait la morte ; et puis, en fermant bien les yeux,
Me croyant invisible aux lumières des cieux,
Triste comme à ténèbre au milieu de mon âme,
Je fuyais. Mais, Seigneur ! votre incessante flamme,
Perçait de mes détours les fragiles remparts,
Et dans mon cœur fermé rentrait de toutes parts !

C'est là que j'ai senti, de sa fuite lassée,
Se retourner vers vous mon âme délaissée ;
Et me voilà pareille à ce volage enfant,
Dépouillé par la ville, et qui n'a bien souvent
Que ses débiles mains pour voiler son visage,
Quand il dit à son père : Oh ! que n'ai-je été sage !

UNE HALTE SUR LE SIMPLON

À Pauline Duchambge

C'était l'heure où des monts les géantes structures,
Forment aux yeux errants de bizarres sculptures ;
Des couvents sans vitraux et des clochers sans voix ;
Des saints agenouillés aux lisières des bois ;
Des anges fatigués et reposant leurs ailes,
Sur les créneaux troués de célestes tourelles :
L'heure où flotte le rêve et par monts et par vaux,
Également bercé dans le pas des chevaux.
C'était triste, mais grand ! désert, mais plein de
                                                    [charmes !
L'eau, filtrante au rocher, faisant un bruit de larmes ;
L'étoile, dans le lac se creusant un miroir,
Rayonnait, on l'eût dit, de l'orgueil de se voir.
De ces palais ouverts, sans gardiens, sans serrures,
La lune illuminait les pompeuses parures ;
Et sa lampe éternelle, aux reflets purs et blancs,
Montrait les profondeurs aux pèlerins tremblants.

Ce soir-là tout aimait, tout s'empressait de vivre ;
Tout faisait les honneurs des chemins doux à suivre :
L'océan de la nuit se balançait dans l'air ;
Pas un souffle inclément, enfin ! pas un éclair
N'agitait des aiglons les aires toutes pleines,
Et les fleurs se parlaient : le bruit de leurs haleines,

Dans l'herbe, ressemblait à des baisers d'enfants
Qui s'embrassent entre eux, rieurs et triomphants.
Là, j'avais dit aux miens, j'avais dit à moi-même :
"Dieu qui nous a voués aux départs, Dieu nous aime ;
Il enlace nos jours et les mains dans les mains,
Nous refait de l'espoir aux douteux lendemains."

Descendue en courant de l'ardente Italie,
Cette porte du ciel qui jamais ne s'oublie,
De chant et de parfums tout inondée encor,
Et les cils emmêlés de ses longs rayons d'or,
Prise aux jours qui s'en vont, que l'âme seule écoute,
Dont les échos perçants entrecoupaient ma route ;
Des lointains rapprochés les indicibles voix,
Me criaient : « Où vas-tu transir comme autrefois ?
Quel soleil sèchera ton vol trempé d'orage,
Âme à peine échappée à ton dernier naufrage ;
Pauvre âme ! où t'en vas-tu, qui ne te souviens pas
De ton aile blessée et traînante ici-bas.
Viens t'asseoir, viens chanter, viens dormir dans nos
                                            [brises,
Viens prier dans nos bras pleins d'encens, pleins
                                            [d'églises.
Viens ranimer ton souffle au bruit calmant de l'eau,
Au cri d'une cigale à travers le bouleau.
Viens voir la vigne antique à l'air seul attachée,
Le sein toujours gonflé d'une grappe cachée,
Étendant follement ses longs bras vers ses sœurs,
Bacchantes sans repos appelant les danseurs,
Viens où les joncs et l'onde où le roseau se mire,
Poussent, en se heurtant, de frais éclats de rire :
Viens : tu les sentiras, par leurs frissons charmants,
De l'attente qui brûle amollir les tourments.

Viens, viens ! Naples t'invite à ses nuits de guitares ;
Chaque arbre plein d'oiseaux t'appelle à ses fanfares.

Viens, viens ! nos cieux sont beaux, même à travers
[des pleurs ;
Viens ! toi qui tends aux cieux par tes cris de
[douleurs ;
Apprends à les chanter pour voler plus haut qu'elles :
À force de monter tu referas tes ailes !
On monte, on monte ici toujours. Nos monuments
Emportent la pensée au front des éléments.
Le feu se mêle à l'air et rend les voix brûlantes ;
L'air à son tour s'infiltre aux chaleurs accablantes ;
Ici Paganini fit ses concerts à Dieu ;
Son nom, cygne flottant, frôle encor chaque lieu :
Posant aux nids nouveaux ses mains harmonieuses,
Tu l'entendras jouer dans nos nuits lumineuses.
Où son âme fut jeune, il aime à l'envoyer,
Et c'est en haut de tout qu'elle vient s'appuyer."

Ce nom me fit pleurer comme un chant sous un voile,
Où brille et disparaît le regard d'une étoile :
Alors tout le passé ressaisissant ma main,
Des jets du souvenir inonda mon chemin.

Paganini ! doux nom qui bats sur ma mémoire,
Et comme une aile d'ange as réveillé mon cœur,
            Doux nom qui pleures, qui dis gloire,
            Échappé du céleste chœur ;
Tous les baisers du ciel sont dans ton harmonie,
Doux nom ! belle auréole éclairant le génie ;
Tu bondis de musique attaché sur ses jours ;
Tu baptisas son âme : oh ! tu vivras toujours !

Et l'écho reprenait : "Nos tièdes solitudes
Endorment votre Adolphe à ses inquiétudes* ;
Et dans ce cœur malade à force de brûler,

---

* Adolphe Nourrit.

Nous versons l'hymne sainte et prompte à consoler.
Noble artiste au front d'ange, à la beauté divine,
Qui devina des cieux tout ce qu'on en devine,
Sous ses mains, comme toi, s'il a caché des pleurs,
C'est de nous qu'il attend et qu'il obtient des fleurs !"

Te voilà donc heureux, jeune homme aux lèvres
Incliné dès l'enfance à de saintes cultures ;   [pures ;
Qui n'as chanté l'amour qu'en l'adressant au ciel,
Et n'y pus supporter une goutte de fiel !
Te voilà donc heureux ! Je bénis l'Italie :
Elle a penché l'oreille à ta mélancolie ;
Elle a dans l'un de nous payé pour ses enfants,
Que Paris fit toujours riches et triomphants !

Quand tu redescendras vers ta blonde famille,
Par ces carrefours verts où la Madone brille,
Où la lune répand d'éclairantes fraîcheurs
Sur les fronts altérés des pauvres voyageurs ;
Où le gaz argenté de cette humide lampe,
Des tournantes hauteurs frappe la vaste rampe,
Si la cascade, ainsi que de profonds sanglots,
Sur tes pieds ramenés laisse rouler ses flots ;
Si l'espoir qui bruit, au fond de la chapelle,
Comme un pur filet d'eau te salue et t'appelle ;
Oh ! viens-y respirer, d'une profonde foi,
Les bouquets qu'en passant nous y laissons pour toi.

Rien n'est bon que d'aimer, rien n'est doux que de
Que d'entendre la nuit, solitaire en sa gloire,   [croire.
Accorder sur les monts ses sublimes concerts,
Pour les épandre aux cieux, qui ne sont pas déserts !

Nous venions de franchir l'effroi de deux abîmes,
Où des cheveux divins vous suspendent aux cimes ;
Où le tronc d'un vieux arbre est le seul pont jeté

Entre l'âme qui passe et son éternité ;
Où l'on ferme les yeux sur la pente rapide,
Pour n'y pas voir rouler quelque enfant intrépide,
Qui vous échappe et court, et vous offre une fleur,
Quand vous l'atteignez, vous, sans voix et sans
                                        [couleur.

Et nous goûtions du soir la suave magie,
Tempérant de l'été la brûlante énergie ;
Oubliant (nous voulions l'oublier) les serpents
Que nous venions de fuir si bas et si rampants.
Pas un n'avait atteint le cœur. Anges fidèles,
Mes deux filles si haut m'enlevaient dans leurs ailes !
Ces deux étoiles d'or brillaient au front des vents,
Et j'avais du courage : il est dans nos enfants.

Adolphe, quand des tiens la riante cohorte,
Comme six séraphins assailleront ta porte,
Oh ! ne les quitte plus : oh ! rends-leur à toujours
Leur mère, couronnée avec ses sept amours !

Mais ce cri, qui deux fois a traversé l'espace,
Est-ce quelque âme à nous qui nous nomme et qui
                                        [passe ;
Que ne peuvent toucher ni nos mains ni nos yeux,
Et qui veut nous étreindre en s'envolant aux cieux ?
Ondine ! éveille-toi... Mais non, dormez encore ;
Ce n'est pas de Nourrit la voix pleine et sonore ;
Nous avons rendez-vous en France : ainsi, dormez,
Dormez, enfants ; rêvez à ceux que vous aimez !

Sous mon fardeau de mère et mes liens de femme,
Plus près du ciel ainsi je vivais dans mon âme,
Quand le sort qui tournait poussa cette clameur
          Votre Adolphe se meurt...
Il est mort : Pour saisir l'illusion perdue,

Son âme s'est jetée à travers l'étendue ;
Son âme qui souffrait, oubliant sa hauteur,
D'une tache de sang a terni sa blancheur !
Elle voulait dormir à son foyer tranquille,
Et caresser sa mère, et saluer la ville,
Où ses hymnes d'adieu retentissent encor ;
Dont le nom l'appelait d'un suppliant accord.
À des berceaux lointains elle voulait s'abattre,
Et chanter au milieu d'enfants, troupe folâtre,
Qui l'attirait tout bas et lui soufflait des fleurs,
Et des baisers, si frais aux brûlantes douleurs !
Le malade songeait qu'il lui venait des ailes ;
Un rêve couronné d'ardentes étincelles,
L'a surpris sur l'abîme et l'a poussé vers Dieu :
Il n'a pas eu le temps de vous crier adieu !

Italie ! Italie ! égarante sirène !
De ton grand peuple esclave insoucieuse reine !
Ce n'est pas dans ton sein qu'une âme peut guérir ;
Tes parfums rendent fou, tes dédains font mourir !
Toi qui ne dois qu'à Dieu ton ardent diadème,
Les pieds aux fers, tu dors dans l'orgueil de
[toi-même ;
Sous tes yeux à demi fermés d'un lourd sommeil,
Nous formons (tu l'as dit) une ombre à ton soleil.
Tu n'extrais que pour toi le doux miel de tes phrases,
Tu ne nous aimes pas, tu railles nos extases ;
Cruelle ! à tes amants tu donnes sans remord,
Après l'enchantement, la démence ou la mort.

UN ARC DE TRIOMPHE

Tout ce qu'ont dit les hirondelles
Sur ce colossal bâtiment,
C'est que c'était à cause d'elles
Qu'on élevait un monument.

Leur nid s'y pose si tranquille,
Si près des grands chemins du jour,
Qu'elles ont pris ce champ d'asile
Pour causer d'affaire, ou d'amour.

En hâte, à la géante porte,
Parmi tous ces morts triomphants,
Sans façon l'hirondelle apporte
Un grain de chanvre à ses enfants.

Dans le casque de la Victoire
L'une, heureuse, a couvé ses œufs,
Qui, tout ignorants de l'histoire,
Éclosent fiers comme chez eux.

Voulez-vous lire au fond des gloires,
Dont le marbre est tout recouvert ?
Mille doux cris à têtes noires
Sortent du grand livre entr'ouvert.

La plus mince qui rentre en France
Dit aux oiseaux de l'étranger :
"Venez voir notre nid immense ;
Nous avons de quoi vous loger."

Car dans leurs plaines de nuages
Les canons ne s'entendent pas
Plus que si les hommes bien sages
Riaient et s'entr'aimaient en bas.

La guerre est un cri de cigale
Pour l'oiseau qui monte chez Dieu ;
Et le héros que rien n'égale
N'est vu qu'à peine en si haut lieu.

Voilà pourquoi les hirondelles,
À l'aise dans ce bâtiment,
Disent que c'est à cause d'elles
Que Dieu fit faire un monument.

AUX TROIS AIMÉS

De vous gronder je n'ai plus le courage,
Enfants ! ma voix s'enferme trop souvent.
Vous grandissez, impatients d'orage ;
Votre aile s'ouvre, émue au moindre vent.
Affermissez votre raison qui chante ;
Veillez sur vous comme a fait mon amour ;
On peut gronder sans être bien méchante :
Embrassez-moi, grondez à votre tour.

Vous n'êtes plus la sauvage couvée,
Assaillant l'air d'un tumulte innocent ;
Tribu sans art, au désert préservée,
Bornant vos vœux à mon zèle incessant :
L'esprit vous gagne, ô ma rêveuse école,
Quand il fermente, il étourdit l'amour.
Vous adorez le droit de la parole :
Anges, parlez, grondez à votre tour.

Je vous fis trois pour former une digue
Contre les flots qui vont vous assaillir :
L'un vigilant, l'un rêveur, l'un prodigue,
Croissez unis pour ne jamais faillir,
Mes trois échos ! l'un à l'autre, à l'oreille,
Redites-vous les cris de mon amour ;

Si l'un s'endort, que l'autre le réveille ;
Embrassez-le, grondez à votre tour !

Je demandais trop à vos jeunes âmes ;
Tant de soleil éblouit le printemps !
Les fleurs, les fruits, l'ombre mêlée aux flammes,
La raison mûre et les joyeux instants,
Je voulais tout, impatiente mère,
Le ciel en bas, rêve de tout amour ;
Et tout amour couve une larme amère :
Punissez-moi, grondez à votre tour.

Toi, sur qui Dieu jeta le droit d'aînesse,
Dis aux petits que les étés sont courts ;
Sous le manteau flottant de la jeunesse,
D'une lisière enferme le secours !
Parlez de moi, surtout dans la souffrance ;
Où que je sois, évoquez mon amour :
Je reviendrai vous parler d'espérance ;
Mais gronder... non : grondez à votre tour !

Poésies inédites

(1860)

UNE LETTRE DE FEMME

Les femmes, je le sais, ne doivent pas écrire ;
    J'écris pourtant,
Afin que dans mon cœur au loin tu puisses lire
    Comme en partant.

Je ne tracerai rien qui ne soit dans toi-même
    Beaucoup plus beau :
Mais le mot cent fois dit, venant de ce qu'on aime,
    Semble nouveau.

Qu'il te porte au bonheur ! Moi, je reste à l'attendre,
    Bien que, là-bas,
Je sens que je m'en vais, pour voir et pour entendre
    Errer tes pas.

Ne te détourne point s'il passe une hirondelle
    Par le chemin,
Car je crois que c'est moi qui passerai, fidèle,
    Toucher ta main.

Tu t'en vas, tout s'en va ! Tout se met en voyage,
    Lumière et fleurs,
Le bel été te suit, me laissant à l'orage,
    Lourde de pleurs.

Mais si l'on ne vit plus que d'espoir et d'alarmes,
        Cessant de voir,
Partageons pour le mieux : moi, je retiens les larmes,
        Garde l'espoir.

Non, je ne voudrais pas, tant je te suis unie,
        Te voir souffrir :
Souhaiter la douleur à sa moitié bénie,
        C'est se haïr.

JOUR D'ORIENT

Ce fut un jour pareil à ce beau jour
Que, pour tout perdre, incendiait l'amour !

C'était un jour de charité divine
Où dans l'air bleu l'éternité chemine ;
Où dérobée à son poids étouffant
La terre joue et redevient enfant ;
C'était partout comme un baiser de mère,
Long rêve errant dans une heure éphémère ;
Heure d'oiseaux, de parfums, de soleil,
D'oubli de tout... hors du bien sans pareil.

Nous étions deux !... C'est trop d'un quand on aime
Pour se garder... Hélas ! nous étions deux.
Pas un témoin qui sauve de soi-même !
Jamais au monde on n'eut plus besoin d'eux
Que nous l'avions ! Lui, trop près de mon âme,
Avec son âme éblouissait mes yeux ;
J'étais aveugle à cette double flamme,
Et j'y vis trop quand je revis les cieux.

Pour me sauver, j'étais trop peu savante ;
Pour l'oublier... je suis encor vivante !

C'était un jour pareil à ce beau jour
Que, pour tout perdre, incendiait l'amour !

ALLEZ EN PAIX

Allez en paix, mon cher tourment,
Vous m'avez assez alarmée,
Assez émue, assez charmée...
Allez au loin, mon cher tourment,
Hélas ! mon invisible aimant !

Votre nom seul suffira bien
Pour me retenir asservie ;
Il est alentour de ma vie
Roulé comme un ardent lien :
Ce nom vous remplacera bien.

Ah ! je crois que sans le savoir
J'ai fait un malheur sur la terre ;
Et vous, mon juge involontaire,
Vous êtes donc venu me voir
Pour me punir, sans le savoir ?

D'abord ce fut musique et feu,
Rires d'enfants, danses rêvées ;
Puis les larmes sont arrivées
Avec les peurs, les nuits de feu...
Adieu danses, musique et jeu !

Sauvez-vous par le beau chemin
Où plane l'hirondelle heureuse :
C'est la poésie amoureuse :
Pour ne pas la perdre en chemin
De mon cœur ôtez votre main.

Dans votre prière tout bas,
Le soir, laissez entrer mes larmes ;
Contre vous elles n'ont point d'armes.
Dans vos discours n'en parlez pas !
Devant Dieu pensez-y tout bas.

6 juin 1857

LES CLOCHES ET LES LARMES

Sur la terre où sonne l'heure,
Tout pleure, ah ! mon Dieu ! tout pleure.

L'orgue sous le sombre arceau,
Le pauvre offrant sa neuvaine,
Le prisonnier dans sa chaîne
Et l'enfant dans son berceau ;

Sur la terre où sonne l'heure,
Tout pleure, ah ! mon Dieu ! tout pleure.

La cloche pleure le jour
Qui va mourir sur l'église,
Et cette pleureuse assise
Qu'a-t-elle à pleurer ?... L'amour.

Sur la terre où sonne l'heure,
Tout pleure, ah ! mon Dieu ! tout pleure.

Priant les anges cachés
D'assoupir ses nuits funestes,
Voyez, aux sphères célestes,
Ses longs regards attachés.

Sur la terre où sonne l'heure,
Tout pleure, ah ! mon Dieu ! tout pleure.

Et le ciel a répondu :
"Terre, ô terre, attendez l'heure !
J'ai dit à tout ce qui pleure,
Que tout lui sera rendu."

Sonnez, cloches ruisselantes !
Ruisselez, larmes brûlantes !
Cloches qui pleurez le jour !
Beaux yeux qui pleurez l'amour !

UN CRI

Hirondelle ! hirondelle ! hirondelle !
　　Est-il au monde un cœur fidèle ?
　　Ah ! s'il en est un, dis-le moi,
　　J'irai le chercher avec toi.

　　Sous le soleil ou le nuage,
　　Guidée à ton vol qui fend l'air,
　　Je te suivrai dans le voyage
　　Rapide et haut comme l'éclair.
Hirondelle ! hirondelle ! hirondelle !
　　Est-il au monde un cœur fidèle ?
　　Ah ! s'il en est un, dis-le moi,
　　J'irai le chercher avec toi.

　　Tu sais qu'aux fleurs de ma fenêtre
　　Ton nid chante depuis trois ans,
　　Et quand tu viens le reconnaître
　　Mes droits ne te sont pas pesants.
Hirondelle ! hirondelle ! hirondelle !
　　Est-il au monde un cœur fidèle ?
　　Ah ! s'il en est un, dis-le moi,
　　J'irai le chercher avec toi.

Je ne rappelle rien, j'aspire
Comme un des tiens dans la langueur,
Dont la solitude soupire
Et demande un cœur pour un cœur.
Hirondelle ! hirondelle ! hirondelle !
Est-il au monde un cœur fidèle ?
Ah ! s'il en est un, dis-le moi,
J'irai le chercher avec toi.

Allons vers l'idole rêvée,
Au Nord, au Sud, à l'Orient :
Du bonheur de l'avoir trouvée
Je veux mourir en souriant.
Hirondelle ! hirondelle ! hirondelle !
Est-il au monde un cœur fidèle ?
Ah ! s'il en est un, dis-le moi !
J'irai le chercher avec toi !

LES ÉCLAIRS

1850

Orages de l'amour, nobles et hauts orages,
Pleins de nids gémissants blessés sous les ombrages,
Pleins de fleurs, pleins d'oiseaux perdus, mais dans les
Qui vous perd ne voit plus, éclairs délicieux !   [cieux,

LES ROSES DE SAADI

J'ai voulu ce matin te rapporter des roses ;
Mais j'en avais tant pris dans mes ceintures closes
Que les nœuds trop serrés n'ont pu les contenir.

Les nœuds ont éclaté. Les roses envolées
Dans le vent, à la mer s'en sont toutes allées.
Elles ont suivi l'eau pour ne plus revenir.

La vague en a paru rouge et comme enflammée.
Ce soir, ma robe encore en est toute embaumée...
Respires-en sur moi l'odorant souvenir.

LA JEUNE FILLE ET LE RAMIER

Les rumeurs du jardin disent qu'il va pleuvoir ;
Tout tressaille, averti de la prochaine ondée ;
Et toi qui ne lis plus, sur ton livre accoudée,
Plains-tu l'absent aimé qui ne pourra te voir ?

Là-bas, pliant son aile et mouillé sous l'ombrage,
Banni de l'horizon qu'il n'atteint que des yeux,
Appelant sa compagne et regardant les cieux,
Un ramier, comme toi, soupire de l'orage.

Laissez pleuvoir, ô cœurs solitaires et doux !
Sous l'orage qui passe il renaît tant de choses.
Le soleil sans la pluie ouvrirait-il les roses ?
Amants, vous attendez, de quoi vous plaignez-vous ?

L'ENTREVUE AU RUISSEAU

L'eau nous sépare, écoute bien :
Si tu fais un pas, tu n'as rien.

Voici ma plus belle ceinture,
Elle embaume encor de mes fleurs.
Prends les parfums et les couleurs,
Prends tout... Je m'en vais sans parure.

L'eau nous sépare, écoute bien :
Si tu fais un pas, tu n'as rien.

Sais-tu pourquoi je viens moi-même
Jeter mon ruban sur ton sein ?
C'est que tu parlais d'un larcin,
Et l'on veut donner quand on aime.

L'eau nous sépare, écoute bien ;
Si tu fais un pas, tu n'as rien.

Adieu ! ta réponse est à craindre,
Je n'ai pas le temps d'écouter ;
Mais quand je n'ose m'arrêter,
N'est-ce donc que toi qu'il faut plaindre ?

Ce que j'ai dit, retiens-le bien :
Pour aujourd'hui, je n'ai plus rien !

LA VOIX D'UN AMI

Si tu n'as pas perdu cette voix grave et tendre
Qui promenait mon âme au chemin des éclairs
Ou s'écoulait limpide avec les ruisseaux clairs,
Éveille un peu ta voix que je voudrais entendre.

Elle manque à ma peine, elle aiderait mes jours.
Dans leurs cent mille voix je ne l'ai pas trouvée.
Pareille à l'espérance en d'autres temps rêvée,
Ta voix ouvre une vie où l'on vivra toujours !

Souffle vers ma maison cette flamme sonore
Qui seule a su répondre aux larmes de mes yeux.
Inutile à la terre, approche-moi des cieux.
Si l'haleine est en toi, que je l'entende encore !

Elle manque à ma peine ; elle aiderait mes jours.
Dans leurs cent mille voix je ne l'ai pas trouvée.
Pareille à l'espérance en d'autres temps rêvée,
Ta voix ouvre une vie où l'on vivra toujours !

TROP TARD

Il a parlé. Prévoyante ou légère,
Sa voix cruelle et qui m'était si chère
A dit ces mots qui m'atteignaient tout bas :
"Vous qui savez aimer, ne m'aimez pas !

"Ne m'aimez pas si vous êtes sensible ;
"Jamais sur moi n'a plané le bonheur.
"Je suis bizarre et peut-être inflexible ;
"L'amour veut trop : l'amour veut tout un cœur.
"Je hais ses pleurs, sa grâce ou sa colère ;
"Ses fers jamais n'entraveront mes pas."

Il parle ainsi, celui qui m'a su plaire...
Qu'un peu plus tôt cette voix qui m'éclaire
N'a-t-elle dit, moins flatteuse et moins bas :
"Vous qui savez aimer, ne m'aimez pas !

"Ne m'aimez pas ! l'âme demande l'âme.
"L'insecte ardent brille aussi près des fleurs :
"Il éblouit, mais il n'a point de flamme ;
"La rose a froid sous ses froides lueurs.
"Vaine étincelle échappée à la cendre,
"Mon sort qui brille égarerait vos pas."

Il parle ainsi, lui que j'ai cru si tendre.
Ah ! pour forcer ma raison à l'entendre,
Il dit trop tard, ou bien il dit trop bas :
"Vous qui savez aimer, ne m'aimez pas."

DERNIÈRE ENTREVUE

Attends, nous allons dire adieu :
Ce mot seul désarmera Dieu.

Les voilà ces feuilles brûlantes
Qu'échangèrent nos mains tremblantes,

Où l'amour répandit par flots
Ses cris, ses flammes, ses sanglots.

Délivrons ces âmes confuses,
Rendons l'air aux pauvres recluses.

Attends, nous allons dire adieu :
Ce mot seul désarmera Dieu.

Voici celle qui m'a perdue...
Lis ! Quand je te l'aurai rendue,

De tant de mal, de tant de bien,
Il ne me restera plus rien.

Brûlons ces tristes fleurs d'orage,
Moi, par effroi ; toi, par courage.

Elles survivraient trop d'un jour
Au naufrage d'un tel amour.

Par pitié, sois-nous inflexible !
Pour ce sacrifice impossible,

Il fallait le secours des cieux,
Et les regarder dans tes yeux !

Contre toi le sort n'a plus d'armes ;
Oh ! ne pleure pas... bois mes larmes !

Lève au ciel ton front abattu ;
Je t'aime à jamais : le sais-tu ?

Mais te voilà près de la porte...
La terre s'en va... je suis morte !...

Hélas ! je n'ai pas dit adieu...
Toi seul es sauvé devant Dieu !

AU LIVRE DE LÉOPARDI

Il est de longs soupirs qui traversent les âges
Pour apprendre l'amour aux âmes les plus sages.
Ô sages ! de si loin que ces soupirs viendront,
Leurs brûlantes douceurs un jour vous troubleront.

Et s'il vous faut garder parmi vos solitudes
Le calme qui préside aux sévères études,
Ne risquez pas vos yeux sur les tendres éclairs
De l'orage éternel enfermé dans ces vers,

Dans ces chants, dans ces cris, dans ces plaintes voilées,
Tocsins toujours vibrant de douleurs envolées.
Oh ! n'allez pas tenter, d'un courage hardi,
Tout cet amour qui pleure avec Léopardi !

Léopardi ! Doux Christ oublié de son père,
Altéré de la mort sans le ciel qu'elle espère,
Qu'elle ouvre d'une clé pendue à tout berceau,
Levant de l'avenir l'insoulevable sceau.

Ennemi de lui seul ! Aimer, et ne pas croire !
Sentir l'eau sur sa lèvre, et ne pas l'oser boire !
Ne pas respirer Dieu dans l'âme d'une fleur !
Ne pas consoler l'ange attristé dans son cœur.

Ce que l'ange a souffert chez l'homme aveugle et
[tendre,
Ce qu'ils ont dit entre eux sans venir à s'entendre,
Ce qu'ils ont l'un par l'autre enduré de combats,
Sages qui voulez vivre, oh ! ne l'apprenez pas !

Oh ! la mort ! ce sera le vrai réveil du songe !
Liberté ! ce sera ton règne sans mensonge !
Le grand dévoilement des âmes et du jour ;
Ce sera Dieu lui-même... Oh ! ce sera l'amour !

CIGALE

"De l'ardente cigale
  J'eus le destin,
Sa récolte frugale
  Fut mon festin.
Mouillant mon seigle à peine
  D'un peu de lait,
J'ai glané graine à graine
  Mon chapelet.

"J'ai chanté comme j'aime
  Rire et douleurs ;
L'oiseau des bois lui-même
  Chante des pleurs ;
Et la sonore flamme,
  Symbole errant,
Prouve bien que toute âme
  Brûle en pleurant.

"Puisque Amour vit de charmes
  Et de souci,
J'ai donc vécu de larmes,
  De joie aussi,
À présent, que m'importe !
  Faite à souffrir,

Devant, pour être morte,
    Si peu mourir."

La chanteuse penchée
    Cherchait encor
De la moisson fauchée
    Quelque épi d'or,
Quand l'autre moissonneuse,
    Forte en tous lieux,
Emporta la glaneuse
    Chanter aux cieux.

LE NID SOLITAIRE

Va, mon âme, au-dessus de la foule qui passe,
Ainsi qu'un libre oiseau te baigner dans l'espace.
Va voir ! et ne reviens qu'après avoir touché
Le rêve... mon beau rêve à la terre caché.

Moi, je veux du silence, il y va de ma vie ;
Et je m'enferme où rien, plus rien ne m'a suivie ;
Et de son nid étroit d'où nul sanglot ne sort,
J'entends courir le siècle à côté de mon sort.

Le siècle qui s'enfuit grondant devant nos portes,
Entraînant dans son cours, comme des algues mortes,
Les noms ensanglantés, les vœux, les vains serments,
Les bouquets purs, noués de noms doux et charmants.

Va, mon âme, au-dessus de la foule qui passe,
Ainsi qu'un libre oiseau te baigner dans l'espace.
Va voir ! et ne reviens qu'après avoir touché
Le rêve... mon beau rêve à la terre caché !

LA FILEUSE ET L'ENFANT

J'appris à chanter en allant à l'école :
Les enfants joyeux aiment tant les chansons !
Ils vont les crier au passereau qui vole ;
Au nuage, au vent, ils portent la parole,
Tout légers, tout fiers de savoir des leçons.

La blanche fileuse à son rouet penchée
Ouvrait ma jeune âme avec sa vieille voix,
Lorsque j'écoutais, toute lasse et fâchée,
Toute buissonnière en un saule cachée,
Pour mon avenir ces thèmes d'autrefois.

Elle allait chantant d'une voix affaiblie,
Mêlant la pensée au lin qu'elle allongeait,
Courbée au travail comme un pommier qui plie,
Oubliant son corps d'où l'âme se délie ;
Moi, j'ai retenu tout ce qu'elle songeait :

— "Ne passez jamais devant l'humble chapelle
Sans y rafraîchir les rayons de vos yeux.
Pour vous éclairer c'est Dieu qui vous appelle ;
Son nom dit le monde à l'enfant qui l'épèle,
Et c'est, sans mourir, une visite aux cieux.

"Ce nom comme un feu mûrira vos pensées,
Semblable au soleil qui mûrit les blés d'or ;
Vous en formerez des gerbes enlacées,
Pour les mettre un jour sous vos têtes lassées
Comme un faible oiseau qui chante et qui s'endort.

"N'ouvrez pas votre aile aux gloires défendues ;
De tous les lointains juge-t-on la couleur ?
Les voix sans écho sont les mieux entendues ;
Dieu tient dans sa main les clefs qu'on croit perdues ;
De tous les secrets lui seul sait la valeur.

"Quand vous respirez un parfum délectable
Ne demandez pas d'où vient ce souffle pur.
Tout parfum descend de la divine table ;
L'abeille en arrive, artiste infatigable,
Et son miel choisi tombe aussi de l'azur.

"L'été, lorsqu'un fruit fond sous votre sourire,
Ne demandez pas : Ce doux fruit, qui l'a fait ?
Vous direz : C'est Dieu, Dieu par qui tout respire !
En piquant le mil l'oiseau sait bien le dire,
Le chanter aussi par un double bienfait.

« Si vous avez peur lorsque la nuit est noire,
Vous direz : Mon Dieu, je vois clair avec vous :
Vous êtes la lampe au fond de ma mémoire,
Vous êtes la nuit, voilé dans votre gloire,
Vous êtes le jour, et vous brillez pour nous !

"Si vous rencontrez un pauvre sans baptême,
Donnez-lui le pain que l'on vous a donné.
Parlez-lui d'amour comme on fait à vous-même ;
Dieu dira : C'est bien ! Voilà l'enfant que j'aime ;
S'il s'égare un jour, il sera pardonné.

"Voyez-vous passer dans sa tristesse amère
Une femme seule et lente à son chemin,
Regardez-la bien, et dites : C'est ma mère,
Ma mère qui souffre ! — Honorez sa misère,
Et soutenez-la du cœur et de la main.

"Enfin, faites tant et si souvent l'aumône,
Qu'à ce doux travail ardemment occupé,
Quand vous vieillirez, — tout vieillit, Dieu l'ordonne —
Quelque ange en passant vous touche et vous
                                    [moissonne,
Comme un lys d'argent pour la Vierge coupé.

"Les ramiers s'en vont où l'été les emmène,
L'eau court après l'eau qui court sans s'égarer,
Le chêne grandit sous le bras du grand chêne,
L'homme revient seul où son cœur le ramène,
Où les vieux tombeaux l'attirent pour pleurer."

— J'appris tous ces chants en allant à l'école :
Les enfants joyeux aiment tant les chansons !
Ils vont les crier au passereau qui vole ;
Au nuage, au vent, ils portent la parole,
Tout légers, tout fiers de savoir des leçons.

UN RUISSEAU DE LA SCARPE

Oui, j'avais des trésors... J'en ai plein ma mémoire,
J'ai des banquets rêvés où l'orphelin va boire.
Oh ! quel enfant des blés, le long des chemins verts,
N'a dans ses yeux errants possédé l'univers ?

Emmenez-moi, chemins !... Mais non, ce n'est plus
Il faudrait revenir en courant où l'on pleure,   [l'heure,
Sans avoir regardé jusqu'au fond le ruisseau
Dont la vague mouilla l'osier de mon berceau.

Il courait vers la Scarpe en traversant nos rues
Qu'épurait la fraîcheur de ses ondes accrues,
Et l'enfance aux longs cris saluait son retour
Qui faisait déborder tous les puits d'alentour.

Écoliers de ce temps, troupe alerte et bruyante,
Où sont-ils vos présents jetés à l'eau fuyante ?
Le livre ouvert, parfois vos souliers pour vaisseaux,
Et vos petits jardins de mousse et d'arbrisseaux ?

Air natal ! aliment de saveur sans seconde,
Qui nourris tes enfants et les baise à la ronde ;
Air natal imprégné des souffles de nos champs,
Qui fais les cœurs pareils et pareils les penchants !

197

Et la longue innocence, et le joyeux sourire
Des nôtres, qui n'ont pas de plus beau livre à lire
Que leur visage ouvert et leurs grands yeux d'azur,
Et leur timbre profond d'où sort l'entretien sûr !...

Depuis que j'ai quitté tes haleines bénies,
Tes familles aux mains facilement unies,
Je ne sais quoi d'amer à mon pain s'est mêlé,
Et partout sur mon jour une larme a tremblé.

Et je n'ai plus osé vivre à poitrine pleine
Ni respirer tout l'air qu'il faut à mon haleine.
On eût dit qu'un témoin s'y serait opposé...
Vivre pour vivre, oh non ! je ne l'ai plus osé !

Non ! le cher souvenir n'est qu'un cri de souffrance !
Viens donc, toi, dont le cours peut traverser la France ;
À ta molle clarté je livrerai mon front,
Et dans tes flots du moins mes larmes se perdront.

Viens ranimer le cœur séché de nostalgie,
Le prendre et l'inonder d'une fraîche énergie.
En sortant d'abreuver l'herbe de nos guérets,
Viens, ne fût-ce qu'une heure, abreuver mes regrets !

Amène avec ton bruit une de nos abeilles
Dont l'essaim, quoique absent, bourdonne en mes
                                          [oreilles ;
Elle en parle toujours ! diront-ils... Mais, mon Dieu,
Jeune, on a tant aimé ces parcelles de feu !

Ces gouttes de soleil dans notre azur qui brille,
Dansant sur le tableau lointain de la famille,
Visiteuses des blés où logent tant de fleurs,
Miel qui vole émané des célestes chaleurs !

J'en ai tant vu passer dans l'enclos de mon père
Qu'il en fourmille au fond de tout ce que j'espère,
Sur toi dont l'eau rapide a délecté mes jours,
Et m'a fait cette voix qui soupire toujours.

Dans ce poignant amour que je m'efforce à rendre,
Dont j'ai souffert longtemps avant de le comprendre,
Comme d'un pâle enfant on berce le souci,
Ruisseau, tu me rendrais ce qui me manque ici.

Ton bruit sourd se mêlant au rouet de ma mère,
Enlevant à son cœur quelque pensée amère,
Quand pour nous le donner elle cherchait là-bas
Un bonheur attardé qui ne revenait pas.

Cette mère, à ta rive elle est assise encore ;
La voilà qui me parle, ô mémoire sonore !
Ô mes palais natals qu'on m'a fermés souvent !
La voilà qui les rouvre à son heureux enfant !

Je ressaisis sa robe, et ses mains, et son âme !
Sur ma lèvre entr'ouverte elle répand sa flamme !
Non ! par tout l'or du monde on ne me paîrait pas
Ce souffle, ce ruisseau qui font trembler mes pas !

UNE RUELLE DE FLANDRE

À Madame Desloges, née Leurs

Dans l'enclos d'un jardin gardé par l'innocence
J'ai vu naître vos fleurs avant votre naissance.
Beau jardin, si rempli d'œillets et de lilas
Que de le regarder on n'était jamais las.

En me haussant au mur dans les bras de mon frère,
Que de fois j'ai passé mes bras par la barrière
Pour atteindre un rameau de ces calmes séjours
Qui souple s'avançait et s'enfuyait toujours !
Que de fois, suspendus aux frêles palissades,
Nous avons savouré leurs molles embrassades,
Quand nous allions chercher pour le repos du soir
Notre lait à la *cense*, et longtemps nous asseoir
Sous ces rideaux mouvants qui bordaient la ruelle !
Hélas ! qu'aux plaisirs purs la mémoire est fidèle !
Errant dans les parfums de tous ces arbres verts,
Plongeant nos fronts hardis sous leurs flancs
                                        [entr'ouverts,
Nous faisions les doux yeux aux roses embaumées
Qui nous le rendaient bien, contentes d'être aimées !

Nos longs chuchotements entendus sans nous voir,
Nos rires étouffés pleins d'audace et d'espoir
Attirèrent un jour le père de famille
Dont l'aspect, tout d'un coup, surmonta la charmille,
Tandis qu'un tronc noueux me barrant le chemin
M'arrêta par la manche et fit saigner ma main.

Votre père eut pitié... C'était bien votre père !
On l'eût pris pour un roi dans la saison prospère.
Et nous ne partions pas à sa voix sans courroux :
Il nous chassait en vain, l'accent était si doux !
En écoutant souffler nos rapides haleines.
En voyant nos yeux clairs comme l'eau des fontaines,
Il nous jeta des fleurs pour hâter notre essor.
Et nous d'oser crier : "Nous reviendrons encor !"

Quand on lavait du seuil la pierre large et lisse
Où dans nos jeux flamands l'osselet roule et glisse,
En rond, silencieux, penchés sur leurs genoux,
D'autres enfants jouaient enhardis comme nous ;
Puis, poussant à la fois leurs grands cris de cigales,
Ils jetaient pour adieux des clameurs sans égales,
Si bien qu'apparaissant tout rouges de courroux
De vieux fâchés criaient : "Serpents ! vous tairez-vous !"
Quelle peur !... Jamais plus n'irai-je à cette porte
Où je ne sais quel vent par force me remporte !
Quoi donc ! quoi ! jamais plus ne voudra-t-il de moi
Ce pays qui m'appelle et qui s'enfuit ?... Pourquoi ?

Alors les blonds essaims de jeunes Albertines,
Qui hantent dans l'été nos fermes citadines,
Venaient tourner leur danse et cadencer leurs pas
Devant le beau jardin qui ne se fermait pas.
C'était la seule porte incessamment ouverte,
Inondant le pavé d'ombre ou de clarté verte,
Selon que du soleil les rayons ruisselants

Passaient ou s'arrêtaient aux feuillages tremblants.
On eût dit qu'invisible une indulgente fée
Dilatait d'un soupir la ruelle étouffée,
Quand les autres jardins enfermés de hauts murs
Gardaient sous les verrous leur ombre et leurs fruits
[mûrs.
Tant pis pour le passant ! À moins qu'en cette allée,
Élevant vers le ciel sa tête échevelée,
Quelque arbre, de l'enclos habitant curieux.
Ne franchît son rempart d'un front libre et joyeux.

On ne saura jamais les milliers d'hirondelles
Revenant sous nos toits chercher à tire-d'ailes
Les coins, les nids, les fleurs et le feu de l'été,
Apportant en échange un goût de liberté.
Entendra qui pourra sans songer aux voyages
Ce qui faisait frémir nos ailes sans plumages,
Ces fanfares dans l'air, ces rendez-vous épars
Qui s'appelaient au loin : "Venez-vous ? Moi, je pars !"

C'est là que votre vie ayant été semée
Vous alliez apparaître et charmante et charmée ;
C'est là que préparée à d'innocents liens
J'accourais... Regardez comme je m'en souviens !

Et les petits voisins amoureux d'ombre fraîche
N'eurent pas sitôt vu, comme au fond d'une crèche,
Un enfant rose et nu plus beau qu'un autre enfant,
Qu'ils se dirent entre eux : "Est-ce un Jésus vivant ?"

C'était vous ! d'aucuns nœuds vos mains n'étaient
[liées ;
Vos petits pieds dormaient sur les branches pliées ;
Toute libre dans l'air où coulait le soleil
Un rameau sous le ciel berçait votre sommeil ;
Puis, le soir, on voyait d'une femme étoilée

L'abondante mamelle à vos lèvres collée,
Et partout se lisait dans ce tableau charmant
De vos jours couronnés le doux pressentiment.

De parfums, d'air sonore incessamment baisée,
Comment n'auriez-vous pas été poétisée ?
Que l'on s'étonne donc de votre amour des fleurs !
Vos moindres souvenirs nagent dans leurs couleurs.
Vous en viviez, c'étaient vos rimes et vos proses :
Nul enfant n'a jamais marché sur tant de roses !

Mon Dieu ! s'il n'en doit plus poindre au bord de mes
[jours
Que sur ma sœur de Flandre il en pleuve toujours !

À ROUEN, RUE ANCRIÈRE

Je n'ai vu qu'un regard de cette belle morte
À travers le volet qui touche à votre porte,
Ma sœur, et sur la vitre où passa ce regard,
Ce fut l'adieu d'un ange obtenu par hasard.

Et dans la rue encore on dirait, quand je passe,
Que l'adieu reparaît à la claire surface.

Mais il est un miroir empreint plus tristement
De l'image fuyante et visible un moment :
Ce miroir, c'est mon âme où, portrait plein de larmes,
Revit la belle morte avec ses jeunes charmes.

LA ROSE FLAMANDE

C'est là que j'ai vu Rose Dassonville,
Ce mouvant miroir d'une rose au vent.
Quand ses doux printemps erraient par la ville,
Ils embaumaient l'air libre et triomphant.

Et chacun disait en perçant la foule :
"Quoi ! belle à ce point ?... Je veux voir aussi..."
Et l'enfant passait comme l'eau qui coule
Sans se demander : "Qui voit-on ici ?"

Un souffle effeuilla Rose Dassonville.
Son logis cessa de fleurir la ville,
Et, triste aujourd'hui comme le voilà,
          C'est là !

Rue de la Maison de Ville, à Douai.

RÊVE INTERMITTENT
D'UNE NUIT TRISTE

Ô champs paternels hérissés de charmilles
Où glissent le soir des flots de jeunes filles !

Ô frais pâturage où de limpides eaux
Font bondir la chèvre et chanter les roseaux !

Ô terre natale ! à votre nom que j'aime,
Mon âme s'en va toute hors d'elle-même ;

Mon âme se prend à chanter sans effort ;
A pleurer aussi, tant mon amour est fort !

J'ai vécu d'aimer, j'ai donc vécu de larmes ;
Et voilà pourquoi mes pleurs eurent leurs charmes ;

Voilà, mon pays, n'en ayant pu mourir,
Pourquoi j'aime encore au risque de souffrir ;

Voilà, mon berceau, ma colline enchantée
Dont j'ai tant foulé la robe veloutée,

Pourquoi je m'envole à vos bleus horizons,
Rasant les flots d'or des pliantes moissons.

La vache mugit sur votre pente douce,
Tant elle a d'herbage et d'odorante mousse,

Et comme au repos appelant le passant,
Le suit d'un regard humide et caressant.

Jamais les bergers pour leurs brebis errantes
N'ont trouvé tant d'eau qu'à vos sources courantes.

J'y rampai débile en mes plus jeunes mois,
Et je devins rose au souffle de vos bois.

Les bruns laboureurs m'asseyaient dans la plaine
Où les blés nouveaux nourrissaient mon haleine.

Albertine aussi, sœur des blancs papillons,
Poursuivait les fleurs dans les mêmes sillons ;

Car la liberté toute riante et mûre
Est là, comme aux cieux, sans glaive, sans armure,

Sans peur, sans audace et sans austérité,
Disant : "Aimez-moi, je suis la liberté !

"Je suis le pardon qui dissout la colère,
Et je donne à l'homme une voix juste et claire.

"Je suis le grand souffle exhalé sur la croix
Où j'ai dit : Mon père ! on m'immole, et je crois !

"Le bourreau m'étreint : je l'aime ! et l'aime encore,
Car il est mon frère, ô père que j'adore !

"Mon frère aveuglé qui s'est jeté sur moi,
Et que mon amour ramènera vers toi !"

Ô patrie absente ! ô fécondes campagnes,
Où vinrent s'asseoir les ferventes Espagnes !

Antiques noyers, vrais maîtres de ces lieux,
Qui versez tant d'ombre où dorment nos aïeux !

Échos tout vibrants de la voix de mon père
Qui chantait pour tous : "Espère ! espère ! espère !"

Ce chant apporté par des soldats pieux
Ardents à planter tant de croix sous nos cieux,

Tant de hauts clochers remplis d'airain sonore
Dont les carillons les rappellent encore :

Je vous enverrai ma vive et blonde enfant
Qui rit quand elle a ses longs cheveux au vent.

Parmi les enfants nés à votre mamelle,
Vous n'en avez pas qui soit si charmant qu'elle !

Un vieillard a dit en regardant ses yeux :
"Il faut que sa mère ait vu ce rêve aux cieux !"

En la soulevant par ses blanches aisselles
J'ai cru bien souvent que j'y sentais des ailes !

Ce fruit de mon âme, à cultiver si doux,
S'il faut le céder, ce ne sera qu'à vous !

Du lait qui vous vient d'une source divine
Gonflez le cœur pur de cette frêle ondine.

Le lait jaillissant d'un sol vierge et fleuri
Lui paîra le mien qui fut triste et tari.

Pour voiler son front qu'une flamme environne
Ouvrez vos bluets en signe de couronne :

Des pieds si petits n'écrasent pas les fleurs,
Et son innocence a toutes leurs couleurs.

Un soir, près de l'eau, des femmes l'ont bénie,
Et mon cœur profond soupira d'harmonie.

Dans ce cœur penché vers son jeune avenir
Votre nom tinta, prophète souvenir,

Et j'ai répondu de ma voix toute pleine
Au souffle embaumé de votre errante haleine.

Vers vos nids chanteurs laissez-la donc aller ;
L'enfant sait déjà qu'ils naissent pour voler.

Déjà son esprit, prenant goût au silence,
Monte où sans appui l'alouette s'élance,

Et s'isole et nage au fond du lac d'azur
Et puis redescend le gosier plein d'air pur.

Que de l'oiseau gris l'hymne haute et pieuse
Rende à tout jamais son âme harmonieuse !...

Que vos ruisseaux clairs, dont les bruits m'ont parlé,
Humectent sa voix d'un long rythme perlé !

Avant de gagner sa couche de fougère,
Laissez-la courir, curieuse et légère,

Au bois où la lune épanche ses lueurs
Dans l'arbre qui tremble inondé de ses pleurs,

Afin qu'en dormant sous vos images vertes
Ses grâces d'enfant en soient toutes couvertes.

Des rideaux mouvants la chaste profondeur
Maintiendra l'air pur alentour de son cœur,

Et, s'il n'est plus là, pour jouer avec elle,
De jeune Albertine à sa trace fidèle,

Vis-à-vis les fleurs qu'un rien fait tressaillir
Elle ira danser, sans jamais les cueillir,

Croyant que les fleurs ont aussi leurs familles
Et savent pleurer comme les jeunes filles.

Sans piquer son front, vos abeilles là-bas
L'instruiront, rêveuse, à mesurer ses pas ;

Car l'insecte armé d'une sourde cymbale
Donne à la pensée une césure égale.

Ainsi s'en ira, calme et libre et content,
Ce filet d'eau vive au bonheur qui l'attend ;

Et d'un chêne creux la Madone oubliée
La regardera dans l'herbe agenouillée.

Quand je la berçais, doux poids de mes genoux,
Mon chant, mes baisers, tout lui parlait de vous,

Ô champs paternels, hérissés de charmilles
Où glissent le soir des flots de jeunes filles.

Que ma fille monte à vos flancs ronds et verts,
Et soyez béni, doux point de l'Univers !

ONDINE À L'ÉCOLE

Vous entriez, Ondine, à cette porte étroite
Quand vous étiez petite, et vous vous teniez droite ;
Et quelque long carton sous votre bras passé
Vous donnait on ne sait quel air grave et sensé,
Qui vous rendait charmante ! Aussi, votre maîtresse
Vous regardait venir, et fière avec tendresse,
Opposant votre calme aux rires triomphants,
Vous montrait pour exemple à son peuple d'enfants ;
Et du nid studieux l'harmonie argentine
Poussait à votre vue : "Ondine ! Ondine ! Ondine !"
Car vous teniez déjà votre palme à la main,
Et l'ange du savoir hantait votre chemin.

Moi, penchée au balcon qui surmontait la rue,
Comme une sentinelle à son heure accourue,
Je poursuivais des yeux mon mobile trésor,
Et disparue enfin je vous voyais encor.
Vous entraîniez mon âme avec vous, fille aimée,
Et je vous embrassais par la porte fermée.

Quel temps ! De tous ces jours d'école et de soleil
Qui hâtaient la pensée à votre front vermeil,
De ces flots de peinture et de grâce inspirée,
L'âme sort-elle heureuse, ô ma douce lettrée ?

Dites si quelque femme avec votre candeur
En passant par la gloire est allée au bonheur !...

Oh ! que vous me manquiez, jeune âme de mon âme !
Quel effroi de sentir s'éloigner une flamme
Que j'avais mise au monde, et qui venait de moi,
Et qui s'en allait seule ! Ondine ! quel effroi !

Oui, proclamé vainqueur parmi les jeunes filles,
Quand votre nom montait dans toutes les familles,
Vos lauriers m'alarmaient à l'ardeur des flambeaux :
Ils cachaient vos cheveux que j'avais faits si beaux !

Non ! voile plus divin, non ! plus riche parure
N'a jamais d'un enfant ombragé la figure.
Sur ce flot ruisselant qui vous gardait du jour
Le poids d'une couronne oppressait mon amour.
Vos maîtres étaient fiers ; et moi j'étais tremblante ;
J'avais peur d'attiser l'auréole brûlante,
Et, troublée aux parfums de si précoces fleurs,
Vois-tu ! j'en ai payé l'éclat par bien des pleurs.
Comprends tout... J'avais vu tant de fleurs consumées !
Tant de mères mourir, de leur amour blâmées !
Ne sachant bien qu'aimer je priais Dieu pour vous,
Pour qu'il te gardât simple et tendre comme nous ;
Et toi tu souriais intrépide à m'apprendre
Ce que Dieu t'ordonnait, ce qu'il fallait comprendre.
Muse, aujourd'hui, dis-nous dans ta pure candeur
Si Dieu te l'ordonnait du moins pour ton bonheur !

LA MÈRE QUI PLEURE

J'ai presque perdu la vue
A suivre le jeune oiseau
Qui, du sommet d'un roseau,
S'est élancé vers la nue.

S'il ne doit plus revenir,
Pourquoi m'en ressouvenir ?

Bouquet vivant d'étincelles,
Il descendit du soleil
Éblouissant mon réveil
Au battement de ses ailes.

S'il ne doit plus revenir,
Pourquoi m'en ressouvenir ?

Prompt comme un ramier sauvage,
Après l'hymne du bonheur,
Il s'envola de mon cœur,
Tant il craignait l'esclavage !

S'il ne doit plus revenir,
Pourquoi m'en ressouvenir ?

De tendresse et de mystère
Dès qu'il eut rempli ces lieux,
Il emporta vers les cieux
Tout mon espoir de la terre !

S'il ne doit plus revenir,
Pourquoi m'en ressouvenir ?

Son chant que ma voix prolonge
Plane encore sur ma raison,
Et dans ma triste maison
Je n'entends chanter qu'un songe.

S'il ne doit plus revenir,
Pourquoi m'en ressouvenir ?

Le jour ne peut redescendre
Dans l'ombre où son vol a lui,
Et pour monter jusqu'à lui
Mes ailes ont trop de cendre.

S'il ne doit plus revenir,
Pourquoi m'en ressouvenir ?

Comme l'air qui va si vite,
Sois libre, ô mon jeune oiseau !
Mais que devient le roseau,
Quand son doux chanteur le quitte !

S'il ne doit plus revenir,
Pourquoi m'en ressouvenir ?

L'ÂME ERRANTE

Je suis la prière qui passe
Sur la terre où rien n'est à moi ;
Je suis le ramier dans l'espace,
Amour, où je cherche après toi.
Effleurant la route féconde,
Glanant la vie à chaque lieu,
J'ai touché les deux flancs du monde,
Suspendue au souffle de Dieu.

Ce souffle épura la tendresse
Qui coulait de mon chant plaintif
Et répandit sa sainte ivresse
Sur le pauvre et sur le captif.
Et me voici louant encore
Mon seul avoir, le souvenir,
M'envolant d'aurore en aurore
Vers l'infinissable avenir.

Je vais au désert plein d'eaux vives
Laver les ailes de mon cœur,
Car je sais qu'il est d'autres rives
Pour ceux qui vous cherchent, Seigneur !
J'y verrai monter les phalanges
Des peuples tués par la faim,

Comme s'en retournent les anges,
Bannis, mais rappelés enfin...

Laissez-moi passer, je suis mère ;
Je vais redemander au sort
Les doux fruits d'une fleur amère,
Mes petits volés par la mort.
Créateur de leurs jeunes charmes,
Vous qui comptez les cris fervents,
Je vous donnerai tant de larmes
Que vous me rendrez mes enfants !

INÈS

Je ne dis rien de toi, toi, la plus enfermée,
Toi, la plus douloureuse, et non la moins aimée !
Toi, rentrée en mon sein ! je ne dis rien de toi
Qui souffres, qui te plains, et qui meurs avec moi !

Le sais-tu maintenant, ô jalouse adorée,
Ce que je te vouais de tendresse ignorée ?
Connais-tu maintenant, me l'ayant emporté,
Mon cœur qui bat si triste et pleure à ton côté ?

1850

REFUGE

Il est du moins au-dessus de la terre
Un champ d'asile où monte la douleur ;
J'y vais puiser un peu d'eau salutaire
Qui du passé rafraîchit la couleur.
Là seulement ma mère encor vivante
Sans me gronder me console et m'endort ;
Ô douce nuit, je suis votre servante :
Dans votre empire on aime donc encor !

Non, tout n'est pas orage dans l'orage ;
Entre ses coups, pour desserrer le cœur,
Souffle une brise, invisible courage,
Parfum errant de l'éternelle fleur !
Puis c'est de l'âme une halte fervente,
Un chant qui passe, un enfant qui s'endort.
Orage, allez ! je suis votre servante :
Sous vos éclairs Dieu me regarde encor !

Béni soit Dieu ! puisqu'après la tourmente,
Réalisant nos rêves éperdus,
Vient des humains l'infatigable amante
Pour démêler les fuseaux confondus.

Fidèle mort ! si simple, si savante !
Si favorable au souffrant qui s'endort !
Me cherchez-vous ? Je suis votre servante :
Dans vos bras nus l'âme est plus libre encor !

RETOUR DANS UNE ÉGLISE

Église ! église où de mon âme,
Moitié de pleurs, moitié de flamme,
Et prompt comme l'eau de la mer,
Coula le flot le plus amer ;

Église où ma jeunesse blonde,
Craintive ensemble et vagabonde,
Attirée aux chants du saint lieu,
N'accourait pas toute vers Dieu !

Église où chaque dalle usée,
D'un tendre poids scandalisée,
Dénonça deux ans, jour par jour,
Des pas que rejoignait l'amour !

Église où mon heure allait vite
Pour rencontrer à l'eau bénite
Une autre âme que j'y voyais,
Une main qu'ailleurs je fuyais !

Église vainement austère,
Où le doux encens de la terre,
Ruisselant sur mes longs cheveux,
Égarait le cours de mes vœux !

Église où mon humble famille,
Moins morte aux soupirs de sa fille,
Planait sur mon sort combattu
Et criait dans l'air : "Que veux-tu ?"

Le savais-je, ô Dieu de mon père ?
Où va-t-on vers ce qu'on espère ?
Où fuit-on l'ombre de ses pas ?...
Dieu ! savais-je où l'on n'aime pas !

Dieu des larmes, le sais-je encore ?
Je n'ai su qu'un mal qui dévore,
Un mal dont on n'ose souffrir,
Ni vivre, ô mon Dieu ! ni mourir.

Église ! église, ouvrez vos portes
Et vos chaînes douces et fortes
Aux élancements de mon cœur
Qui frappe à la grille du chœur.

Ouvrez ! Je ne suis plus suivie
Que par moi-même et par la vie
Qui fait chanceler sous son poids
Mon âme et mon corps à la fois.

Ouvrez ! Je suis triste et blessée,
Seule sous mon aile abaissée ;
Il n'est plus de pas sur mes pas,
Ni d'âme qui me parle bas.

Ouvrez à mon sort sans patrie,
Flottant comme une algue flétrie ;
Des deux voix tendres d'autrefois
Vous n'entendrez plus qu'une voix !

QUAND JE PENSE À MA MÈRE

Ma mère est dans les cieux, les pauvres l'ont bénie ;
Ma mère était partout la grâce et l'harmonie.

Jusque sur ses pieds blancs, sa chevelure d'or
Ruisselait comme l'eau, Dieu ! J'en tressaille encor !

Et quand on disait d'elle : "Allons voir la Madone",
Un orgueil m'enlevait, que le ciel me pardonne !

Ce tendre orgueil d'enfant, ciel ! pardonnez-le nous :
L'enfant était si bien dans ses chastes genoux !

C'est là que j'ai puisé la foi passionnée
Dont sa famille errante est toute sillonnée.

Mais jamais ma jeune âme en regardant ses yeux,
Ses doux yeux même en pleurs, n'a pu croire qu'aux
                                                    [cieux.

Et quand je rêve d'elle avec sa voix sonore,
C'est au-dessus de nous que je l'entends encore.

Oui, vainement ma mère avait peur de l'enfer,
Ses doux yeux, ses yeux bleus n'étaient qu'un ciel
                                                    [ouvert.

Oui, Rubens eût choisi sa beauté savoureuse
Pour montrer aux mortels la Vierge bienhéureuse.

Sa belle ombre qui passe à travers tous mes jours,
Lorsque je vais tomber me relève toujours.

Toujours entre le monde et ma tristesse amère,
Pour m'aider à monter je vois monter ma mère !

Ah ! l'on ne revient pas de quelque horrible lieu,
Et si tendre, et si mère, et si semblable à Dieu !

On ne vient que d'en haut si prompte et si charmante
Apaiser son enfant dont l'âme se lamente.

Et je voudrais lui rendre aussi l'enfant vermeil
La suivant au jardin sous l'ombre et le soleil ;

Ou, couchée à ses pieds, sage petite fille,
La regardant filer pour l'heureuse famille.

Je voudrais, tout un jour oubliant nos malheurs,
La contempler vivante au milieu de ses fleurs !

Je voudrais, dans sa main qui travaille et qui donne,
Pour ce pauvre qui passe aller puiser l'aumône.

Non, Seigneur ! Sa beauté, si touchante ici-bas,
De votre paradis vous ne l'exilez pas !

Ce soutien des petits, cette grâce fervente
Pour guider ses enfants si forte, si savante,

Vous l'avez rappelée où vos meilleurs enfants
Respirent à jamais de nos jours étouffants.

Mais moi, je la voulais pour une longue vie
Avec nous et par nous honorée et suivie,

Comme un astre éternel qui luit sans s'égarer,
Que des astres naissants suivent pour s'éclairer.

Je voulais jour par jour, adorante et naïve,
Vous contempler, Seigneur ! dans cette clarté vive...

Elle a passé ! Depuis, mon sort tremble toujours
Et je n'ai plus de mère où s'attachent mes jours.

LES SANGLOTS

A Pauline Duchambge

Ah ! l'enfer est ici ; l'autre me fait moins peur :
Pourtant le purgatoire inquiète mon cœur.

On m'en a trop parlé pour que ce nom funeste
Sur un si faible cœur ne serpente et ne reste ;

Et quand le flot des jours me défait fleur à fleur,
Je vois le purgatoire au fond de ma pâleur.

S'ils ont dit vrai, c'est là qu'il faut aller s'éteindre,
Ô Dieu de toute vie, avant de vous atteindre !

C'est là qu'il faut descendre et sans lune et sans jour,
Sous le poids de la crainte et la croix de l'amour,

Pour entendre gémir les âmes condamnées,
Sans pouvoir dire : "Allez, vous êtes pardonnées !"

Sans pouvoir les tarir, ô douleur des douleurs !
Sentir filtrer partout les sanglots et les pleurs ;

Se heurter dans la nuit des cages cellulaires
Que nulle aube ne teint de ses prunelles claires ;

Ne savoir où crier au sauveur méconnu :
"Hélas ! mon doux Sauveur, n'étiez-vous pas venu ?"

Ah ! j'ai peur d'avoir peur, d'avoir froid ; je me cache
Comme un oiseau tombé qui tremble qu'on l'attache.

Je rouvre tristement mes bras au souvenir...
Mais c'est le purgatoire et je le sens venir !

C'est là que je me rêve après la mort menée,
Comme une esclave en faute au bout de sa journée,

Cachant sous ses deux mains son front pâle et flétri,
Et marchant sur son cœur par la terre meurtri.

C'est là que je m'en vais au-devant de moi-même,
N'osant y souhaiter rien de tout ce que j'aime.

Je n'aurai donc plus rien de charmant dans le cœur
Que le lointain écho de leur vivant bonheur.

> Ciel ! où m'en irai-je
> Sans pieds pour courir !
> Ciel ! où frapperai-je
> Sans clé pour ouvrir ?

Sous l'arrêt éternel repoussant ma prière
Jamais plus le soleil n'atteindra ma paupière,

Pour l'essuyer du monde et des tableaux affreux
Qui font baisser partout mes regards douloureux.

Plus de soleil ! Pourquoi ? Cette lumière aimée
Aux méchants de la terre est pourtant allumée.

Sur un pauvre coupable à l'échafaud conduit
Comme un doux : "Viens à moi !" l'orbe s'épanche et
[luit.

Plus de feu nulle part ! Plus d'oiseaux dans l'espace !
Plus d'Ave Maria dans la brise qui passe.

Au bord des lacs taris plus un roseau mouvant,
Plus d'air pour soutenir un atome vivant.

Ces fruits que tout ingrat sent fondre sous sa lèvre,
Ne feront plus couler leur fraîcheur dans ma fièvre ;

Et de mon cœur absent qui viendra m'oppresser
J'amasserai les pleurs sans pouvoir les verser.

> Ciel ! où m'en irai-je
> Sans pieds pour courir ?
> Ciel ! où frapperai-je
> Sans clé pour ouvrir ?

Plus de ces souvenirs qui m'emplissent de larmes,
Si vivants que toujours je vivrais de leurs charmes ;

Plus de famille au soir assise sur le seuil,
Pour bénir son sommeil chantant devant l'aïeul ;

Plus de timbre adoré dont la grâce invincible
Eût forcé le néant à devenir sensible !

Plus de livres divins comme effeuillés des cieux,
Concerts que tous mes sens écoutaient par mes yeux.

Ainsi, n'oser mourir quand on n'ose plus vivre,
Ni chercher dans la mort un ami qui délivre !

Ô parents ! Pourquoi donc vos fleurs sur nos berceaux
Si le ciel a maudit l'arbre et les arbrisseaux ?

     Ciel ! où m'en irai-je
     Sans pieds pour courir ?
     Ciel ! où frapperai-je
     Sans clé pour ouvrir ?

Sans la croix qui s'incline à l'âme prosternée,
Punie après la mort du malheur d'être née !

Mais quoi, dans cette mort qui se sent expirer,
Si quelque cri lointain me disait d'espérer !

Si dans ce ciel éteint quelque étoile pâlie
Envoyait sa lueur à ma mélancolie !

Sous ses arceaux tendus d'ombre et de désespoir,
Si des yeux inquiets s'allumaient pour me voir !

Ah ! ce serait ma mère intrépide et bénie
Descendant réclamer sa fille assez punie !

Oui ! ce sera ma mère ayant attendri Dieu,
Qui viendra me sauver de cet horrible lieu,

Et relever au vent de la jeune espérance
Son dernier fruit tombé mordu par la souffrance.

Je sentirai ses bras si doux, si beaux, si forts,
M'étreindre et m'enlever dans ses puissants efforts ;

Je sentirai couler dans mes naissantes ailes
L'air pur qui fait monter les libres hirondelles,

Et ma mère en fuyant pour ne plus revenir
M'emportera vivante à travers l'avenir !

Mais, avant de quitter les mortelles campagnes,
Nous irons appeler des âmes pour compagnes,

Au fond du champ funèbre où j'ai mis tant de fleurs,
Nous abattre aux parfums qui sont nés de mes
                                        [pleurs ;

Et nous aurons des voix, des transports et des
                                        [flammes,
Pour crier : "Venez-vous !" à ces dolentes âmes.

"Venez-vous vers l'été qui fait tout refleurir
Où nous allons aimer sans pleurer, sans mourir !

Venez, venez voir Dieu ! Nous sommes ses colombes ;
Jetez là vos linceuls, les cieux n'ont plus de tombes ;

Le sépulcre est rompu par l'éternel amour :
Ma mère nous enfante à l'éternel séjour !"

LES PRISONS ET LES PRIÈRES

Pleurez ! Comptez les noms des bannis de la France ;
L'air manque à ces grands cœurs où brûle tant
                                            [d'espoir.
Jetez la palme en deuil au pied de leur souffrance ;
Et passons : les geôliers seuls ont droit de les voir !
Passons : nos bras pieux sont sans force et sans
                                            [armes ;
Nous n'allons point traînant de fratricides vœux.
Mais, femmes, nous portons la prière et les larmes,
Et Dieu, le Dieu du peuple, en demande pour eux.
Voyez vers la prison glisser de saintes âmes.
Salut ! vous qui cachez vos ailes ici-bas ;
Sous vos manteaux mouillés et vos pâleurs de femmes
Que de cendre et de boue ont entravé vos pas !
Salut ! vos yeux divins rougis de larmes vives
Reviennent se noyer dans ce monde étouffant ;
Vous errez, comme alors, au Jardin des Olives ;
Car le Christ est en peine et Judas triomphant.
Oui, le Christ est en peine, il prévoit tant de crimes !
Lui dont les bras cloués ont brisé tant de fers !
Il revoit dans son sang nager tant de victimes,
Qu'il veut mourir encor pour fermer les enfers !
Courez, doux orphelins, montez dans la balance,
Priez pour les méchants qui vivent sans remords ;

Rachetez les forfaits des pleurs de l'innocence,
Et dans un flot amer lavez nos pauvres morts !
Et nous, n'envoyons plus à des guerres impies
Nos fils adolescents et nos drapeaux vainqueurs ;
Avons-nous amassé nos pieuses charpies
Pour les baigner du sang le plus pur de nos cœurs !
Pitié ! nous n'avons plus le temps des longues haines.
La haine est basse et sombre ; il fait jour ! il fait jour !
Ô France ! il faut aimer, il faut rompre les chaînes,
Ton Dieu, le Dieu du peuple, a tant besoin d'amour !

LA COURONNE EFFEUILLÉE

J'irai, j'irai porter ma couronne effeuillée
Au jardin de mon père où revit toute fleur ;
J'y répandrai longtemps mon âme agenouillée :
Mon père a des secrets pour vaincre la douleur.

J'irai, j'irai lui dire, au moins avec mes larmes :
"Regardez, j'ai souffert..." il me regardera,
Et sous mes jours changés, sous mes pâleurs sans   [charmes,
Parce qu'il est mon père il me reconnaîtra.

Il dira : "C'est donc vous, chère âme désolée !
La terre manque-t-elle à vos pas égarés ?
Chère âme, je suis Dieu : ne soyez plus troublée ;
Voici votre maison, voici mon cœur, entrez !"

Ô clémence ! ô douceur ! ô saint refuge ! ô père !
Votre enfant qui pleurait vous l'avez entendu !
Je vous obtiens déjà puisque je vous espère
Et que vous possédez tout ce que j'ai perdu.

Vous ne rejetez pas la fleur qui n'est plus belle,
Ce crime de la terre au ciel est pardonné.
Vous ne maudirez pas votre enfant infidèle,
Non d'avoir rien vendu, mais d'avoir tout donné.

RENONCEMENT

Pardonnez-moi, Seigneur, mon visage attristé,
Vous qui l'aviez formé de sourire et de charmes ;
Mais sous le front joyeux vous aviez mis les larmes,
Et de vos dons, Seigneur, ce don seul m'est resté.

C'est le moins envié, c'est le meilleur peut-être :
Je n'ai plus à mourir à mes liens de fleurs ;
Ils vous sont tous rendus, cher auteur de mon être,
Et je n'ai plus à moi que le sel de mes pleurs.

Les fleurs sont pour l'enfant ; le sel est pour la
Faites-en l'innocence et trempez-y mes jours. [femme ;
Seigneur ! quand tout ce sel aura lavé mon âme,
Vous me rendrez un cœur pour vous aimer toujours !

Tous mes étonnements sont finis sur la terre,
Tous mes adieux sont faits, l'âme est prête à jaillir,
Pour atteindre à ses fruits protégés de mystère
Que la pudique mort a seule osé cueillir.

Ô Sauveur ! soyez tendre au moins à d'autres mères,
Par amour pour la vôtre et par pitié pour nous !
Baptisez leurs enfants de nos larmes amères,
Et relevez les miens tombés à vos genoux !

Que mon nom ne soit rien qu'une ombre douce et
Qu'il ne cause jamais ni l'effroi ni la peine !   [vaine,
Qu'un indigent l'emporte après m'avoir parlé
Et le garde longtemps dans son cœur consolé !

L'ENFANT AU MIROIR

A Mlle Émilie Bascans

Si j'étais assez grande,
 Je voudrais voir
L'effet de ma guirlande
 Dans le miroir.
En montant sur la chaise,
 Je l'atteindrais ;
Mais sans aide et sans aise,
 Je tomberais.

La dame plus heureuse,
 Sans faire un pas,
Sans quitter sa causeuse,
 De haut en bas,
Dans une glace claire,
 Comme au hasard,
Pour apprendre à se plaire
 Jette un regard.

Ah ! c'est bien incommode
 D'avoir huit ans !
Il faut suivre la mode

Et perdre un temps !...
Peut-on aimer la ville
        Et les salons !
On s'en va si tranquille
        Dans les vallons !

Quand ma mère qui m'aime
        Et me défend,
Et qui veille elle-même
        Sur son enfant,
M'emporte où l'on respire
        Les fleurs et l'air,
Si son enfant soupire,
        C'est un éclair !

Les ruisseaux des prairies
        Font des psychés
Où, libres et fleuries,
        Les fronts penchés
Dans l'eau qui se balance,
        Sans nous hausser,
Nous allons en silence
        Nous voir passer.

C'est frais dans le bois sombre,
        Et puis c'est beau
De danser comme une ombre
        Au bord de l'eau !
Les enfants de mon âge,
        Courant toujours,
Devraient tous au village
        Passer leurs jours !

MADAME ÉMILE DE GIRARDIN

La mort vient de frapper les plus beaux yeux du
[monde.
Nous ne les verrons plus qu'en saluant les cieux.
Oui, c'est aux cieux déjà que leur grâce profonde
Comme un aimant d'espoir semble attirer nos yeux.

Belle étoile aux longs cils qui regardez la terre,
N'êtes-vous pas Delphine enlevée aux flambeaux,
Ardente à soulever le splendide mystère
Pour nous illuminer dans nos bruyants tombeaux ?

Sa grande âme ingénue avait peur de la joie.
Lucide et curieuse à l'égal des enfants,
Du long regard humide où le rire se noie,
Elle épiait les pleurs sous les fronts triomphants.

Albert Durr l'avait vue à l'étude penchée,
Au monde intérieur où lui seul pénétrait,
Quand sa mélancolie éternelle et cachée
Dans un ange rêveur la peignit trait pour trait.

Son enfance éclata par un cri de victoire.
Lisant à livre ouvert où d'autres épelaient,

Elle chantait sa mère, elle appelait la gloire,
Elle enivrait la foule... et les femmes tremblaient.

Et charmante, elle aima comme elle était : sans feinte ;
Loyale avec la haine autant qu'avec l'amour.
Dans ses chants indignés, dans sa furtive plainte,
Comme un luth enflammé son cœur vibrait à jour !

Elle aussi, l'adorable ! a gémi d'être née.
Dans l'absence d'un cœur toujours lent à venir,
Lorsque tous la suivaient pensive et couronnée,
Ce cœur, elle eût donné ses jours pour l'obtenir.

Oh ! l'amour dans l'hymen ! Oh ! rêve de la femme !
Ô pleurs mal essuyés, visibles dans ses vers !
Tout ce qu'elle taisait à l'âme de son âme,
Doux pleurs, allez-vous-en l'apprendre à l'univers !

Elle meurt ! presque reine, hélas, et presque heureuse,
Colombe aux plumes d'or, femme aux tendres
                                        [douleurs ;
Elle meurt tout à coup d'elle-même peureuse,
Et, douce, elle s'enferme au linceul de ses fleurs.

Ô beauté ! souveraine à travers tous les voiles !
Tant que les noms aimés retourneront aux cieux,
Nous chercherons Delphine à travers les étoiles,
Et son doux nom de sœur humectera nos yeux.

1855.

Tu n'auras pas semé ta couronne étoilée
Sur le miroir tari du ruisseau de tes jours.
Toute pleine de jours, toi, tu t'en es allée
Et ton frais souvenir en scintille toujours.

DOSSIER

CHRONOLOGIE

1786. Marceline naît à Douai le 20 juin, de Joseph Desbordes et de Catherine Lucas, l'un et l'autre de cette ville, et mariés depuis 1776. L'oncle Constant, qui devint peintre, était né en 1761, les sœurs de Marceline, Cécile et Eugénie, et son frère Félix, étaient de 1777, 1780 et 1782. En 1785 naquit Latouche, qui joua un si grand rôle dans la vie de Marceline Desbordes ; mais Prosper Lanchantin, dit Valmore, qu'elle épousa, ne vint au monde qu'en 1793.

1792. La Terreur à Douai. Destruction du porche de l'église.

1797. Après nombre de difficultés d'existence, dues en partie à la Révolution (le père de Marceline était peintre d'armoiries, fabricant d'ornements d'églises), Catherine Desbordes quitte Douai, avec seulement Marceline. Celle-ci commence à se produire au théâtre, en diverses villes, puis c'est l'embarquement, en 1801, pour la Guadeloupe où Catherine compte trouver la protection d'un riche parent.

1801-1802. Mais celui-ci est mort, la population de l'île est en révolte, il y a une épidémie de fièvre jaune. Catherine Desbordes en meurt, et Marceline doit repartir à l'automne, pour Dunkerque. Elle rentre à Douai, chez son père.

1802. En novembre elle fait ses débuts au théâtre local.

1803. Puis elle est engagée au théâtre des Arts de Rouen et s'y produit avec succès dans divers genres, parole et chant.

1804. Grâce à Grétry elle débute à l'Opéra-Comique où elle va rester jusqu'en 1806.

1807-1808. Théâtre de la Monnaie à Bruxelles. Au retour à Paris elle habite chez son oncle Constant Desbordes, le peintre, dans l'ancien couvent des Capucines occupé, avant sa démolition, par divers artistes. Ses souvenirs de l'époque, à peine transposés, nourriront son roman, *L'Atelier d'un peintre.* C'est dans ces mois qu'elle rencontre Henri de Latouche, qui sera le père de son premier enfant, Marie-Eugène. Première publication d'un poème en 1807 : *Le Billet.*

1810. Pour la naissance de son enfant elle s'éloigne de Paris, et ce sera pour trois ans. Son père vient habiter non loin d'elle, chez sa fille Eugénie, qui vit mariée aux Andelys. En 1811, une première rupture avec Latouche.

1813. Marceline revient au théâtre, à l'Odéon.

1814. Reprise de la liaison. La rupture définitive a lieu en 1815. Marie-Eugène meurt en 1816. Marceline travaille à nouveau à Bruxelles.

1817. Mort de son père, à Douai. Marceline épouse Prosper Valmore, qui est acteur comme elle au théâtre de la Monnaie. En 1818 naît un enfant qui ne vivra pas.

1819. *Élégies, Marie et Romances,* le premier recueil de Marceline, qui a publié jusqu'alors dans des chansonniers et des almanachs.

1820. Valmore est engagé à l'Odéon. Hippolyte naît à Paris. Paraissent les *Poésies* et des nouvelles, *Les Veillées des Antilles.*

1821. Valmore et Marceline au Grand Théâtre de Lyon, début d'un long rapport avec cette ville. Naissance de Marceline-Junie-Hyacinthe, qu'on appellera Ondine.

1823. Engagement de Valmore à Bordeaux. Marceline, après Lyon, renonce au théâtre.

1825. *Élégies et Poésies nouvelles.* Naissance d'Inès. Marceline refuse un traitement de l'Académie française. Mme Récamier obtient pour elle une pension plus modique, qu'elle accepte. Mais la révolution de 1830 va l'interrompre.

1827. Retour à Lyon, via Paris, pour le théâtre. La vie quotidienne est difficile. Mais l'œuvre de Marceline prend de l'ampleur, elle est reconnue, notamment parmi les poètes les plus jeunes.

1828. Mort de Constant Desbordes.

1830. *Les Poésies,* en trois volumes.

1831. Émeutes à Lyon.

1833. *Les Pleurs* et *L'Atelier d'un peintre.* Valmore, vilipendé à Rouen, est engagé à la Porte Saint-Martin.

1834. Retour à Lyon, au Grand Théâtre. En avril, c'est la grande révolte des ouvriers. — Une petite pension est rendue pour un temps à Marceline.

1837. Retour à Paris. Prosper Valmore est nommé administrateur de l'Odéon. Amitié avec Sainte-Beuve, grande et durable.

1838. Séjour misérable à Milan, à l'occasion des fêtes du couronnement lombard de l'empereur Ferdinand.

1839. *Pauvres fleurs.* Valmore à Lyon, Marceline à Paris. Latouche marque à l'égard d'Ondine des sentiments que Marceline trouve équivoques (en fait, il s'en croit le père).

1840. Retour de Prosper, qui va repartir à Bruxelles. Pension retrouvée (1 200 francs). Hippolyte travaille chez Delacroix. Sainte-Beuve s'attache à Ondine qui a pour lui beaucoup d'affection.

1842. Un choix de *Poésies,* chez Charpentier.

1843. *Bouquets et prières.* La santé d'Ondine commence à inspirer inquiétude.

1845. Après nombre d'engagements éphémères et de déboires, Valmore doit renoncer au théâtre. Un emploi de régisseur à Bruxelles. Hippolyte se décourage de la peinture. Un recueil de nouvelles, *Huit femmes.*

1846. Mort d'Inès, qui se croyait mal aimée.

1849. *Les Anges de la famille,* contes en vers et en prose.

1850. Mort d'Eugénie Drapier, la sœur de Marceline.

1851. Ondine est devenue inspectrice scolaire, elle se marie. Elle aura bientôt un fils.

1853. Ondine meurt, à Paris.

1854. Cécile, l'autre sœur de Marceline, meurt à son tour, à Rouen. Elle ne s'était pas mariée.

1855. *Jeunes têtes et jeunes cœurs,* contes pour les enfants.

1857. *Allez en paix,* le dernier poème.

1858. Mort de Pauline Duchambge, la vieille et très chère amie, qui avait écrit beaucoup de musique pour les poèmes de Marceline. On cache sa mort à celle-ci, qui est elle-même très atteinte et ne sort plus de sa chambre.

1859. Prix de 3 000 francs, décerné par l'Académie française. Marceline meurt, le 23 juillet.

1860. *Poésies inédites,* à Genève, par les soins de Gustave Revilliod. Mais Marceline elle-même avait préparé le livre. Nouvelle édition des *Poésies* de 1842 avec une notice de Sainte-Beuve.

1868. *Poésies de l'enfance.*

1881. Mort de Prosper Valmore.

1886. *Œuvres poétiques* en trois volumes chez Lemerre (Auguste Lacaussade, qu'a aidé Hippolyte).

1892. Mort d'Hippolyte.

Le reste est bibliographie. On y notera ce qu'a procuré Boyer d'Agen : *Lettres inédites (1812-1857)* en 1911, *Œuvres poétiques (Reliquiae)* en 1922, *Lettres à Prosper Valmore* en 1924. Et l'édition inachevée des *Poésies complètes* par Bertrand Guégan,

Paris, éd. du Trianon, deux volumes en 1931 et 1932. Depuis 1973, l'édition de référence est celle des *Œuvres poétiques de Marceline Desbordes-Valmore* qu'a établie Marc Bertrand, deux volumes des Presses Universitaires de Grenoble. Tout ce qui a importance pour l'interprétation des poèmes y a été rassemblé.

BIBLIOGRAPHIE SUCCINCTE
DES ÉTUDES
CRITIQUES ET BIOGRAPHIQUES.

Lucien Descaves, *La Vie douloureuse de Marceline Desbordes-Valmore*, Paris, Éditions d'Art et de Littérature, 1910.
   La Vie amoureuse de Marceline Desbordes-Valmore, Paris, Flammarion, 1925.
Jacques Boulenger, *Marceline Desbordes-Valmore, sa vie et son secret*, Paris, Plon, 1926.
Jeanine Moulin, *Marceline Desbordes-Valmore*, Paris, Seghers, 1955.
Éliane Jasenas, *Le Poétique : Desbordes-Valmore et Nerval*, Paris, Jean-Pierre Delarge, 1975.

———

Giacomo Cavallucci, *Bibliographie critique de Marceline Desbordes-Valmore*, Paris, Margraff, deux volumes, 1942.
Éliane Jasenas, *Marceline Desbordes-Valmore devant la critique*, Paris et Genève, Droz-Minard, 1962.

Francis Ambrière, *Le Siècle des Valmore*, Paris, Le Seuil, deux volumes, 1987.

JUGEMENTS

SAINTE-BEUVE

Ses paysages, à elle, ont de l'étendue ; un certain goût anglais s'y fait sentir ; c'est quelquefois comme dans Westall, quand il nous peint sous l'orage l'idéale figure de son berger ; ce sont ainsi des formes assez disproportionnées, des bergères, des femmes à longue taille comme dans les tableaux de la Malmaison, des tombeaux au fond, des statues mythologiques dans la verdure, des bois peuplés d'urnes et de tourterelles roucoulantes, et d'essaims de grosses abeilles et d'âmes de tout petits enfants sur les rameaux ; un ton vaporeux, pas de couleur précise, pas de dessin ; un nuage sentimental, souvent confus et insaisissable, mais par endroits sillonné de vives flammes et avec l'éclair de la passion [...].

(Publié dans la Revue des Deux Mondes, *1er août 1833, puis dans les* Portraits contemporains.*)*

HUGO

Il y a le monde des pensées et le monde des sentiments. Je ne sais pas qui a la pensée, et si quelqu'un l'a dans ce siècle, mais à coup sûr, vous avez l'autre. Vous y êtes reine.

(Lettre à Marceline Desbordes-Valmore, 2 août 1833, reprise dans les Œuvres complètes *de Victor Hugo, édition Jean Massin, Club Français du Livre, t. IV, 1967, p. 1107.)*

Nous sommes aussi voisins que peuvent l'être en France la prose et la poésie [...].

(Lettre à Marceline Desbordes-Valmore, avril 1834, reprise dans la Correspondance de Balzac, édition Roger Pierrot, Garnier, t. II, 1962, p. 492.)

BAUDELAIRE

Si le cri, si le soupir naturel d'une âme d'élite, si l'ambition désespérée du cœur, si les facultés soudaines, irréfléchies, si tout ce qui est gratuit et vient de Dieu, suffisent à faire le grand poète, Marceline Valmore est et sera toujours un grand poète. Il est vrai que si vous prenez le temps de remarquer tout ce qui lui manque de ce qui peut s'acquérir par le travail, sa grandeur se trouvera singulièrement diminuée ; mais au moment même où vous vous sentirez le plus impatienté et désolé par la négligence, par le cahot, par le trouble, que vous prenez, vous, homme réfléchi et toujours responsable, pour un parti pris de paresse, une beauté soudaine, inattendue, non égalable, se dresse, et vous voilà enlevé irrésistiblement au fond du ciel poétique [...].

Mme Desbordes-Valmore fut femme, fut toujours femme et ne fut absolument que femme ; mais elle fut à un degré extraordinaire l'expression poétique de toutes les beautés naturelles de la femme [...].

On a dit que Mme Valmore, dont les premières poésies datent déjà de fort loin (1818), avait été de notre temps rapidement oubliée. Oubliée par qui, je vous prie ? Par ceux-là qui, ne sentant rien, ne peuvent se souvenir de rien. Elle a les grandes et vigoureuses qualités qui s'imposent à la mémoire, les trouées profondes faites à l'improviste dans le cœur, les explosions magiques de la passion. Aucun auteur ne cueille plus facilement la formule unique du sentiment, le sublime qui s'ignore. Comme les soins les plus simples et les plus faciles sont un obstacle invincible à cette plume fougueuse et inconsciente, en revanche ce qui est pour tout autre l'objet d'une laborieuse recherche vient naturellement s'offrir à elle ; c'est une perpétuelle trouvaille. Elle trace des merveilles avec l'insouciance qui préside aux billets destinés à la boîte aux lettres [...].

(Texte publié dans la Revue fantaisiste, en 1861, puis dans le tome IV des Poètes français, en 1862, avec un choix de poèmes, et repris dans L'Art romantique. Œuvres complètes, édition Claude Pichois, Bibliothèque de la Pléiade, t. II, 1976, pp. 145-149.)

La passion avec son cri surtout. C'est, quand elle est poète, la poésie du cri que Madame Desbordes-Valmore.

(Le XIXe siècle. Les Œuvres et les Hommes, *Amyot, 3e série, 1862.*)

VERLAINE

Quant à nous, si curieux de bons ou beaux vers pourtant, nous l'ignorions, nous contentant de la parole des maîtres, quand précisément Arthur Rimbaud nous connut et nous força presque de lire *tout* ce que nous pensions être un fatras avec des beautés dedans.
[...] Et, pédant, puisque c'est notre pitoyable métier, nous proclamons à haute et intelligible voix que Marceline Desbordes-Valmore est tout bonnement, — avec George Sand, si différente, dure, non sans des indulgences charmantes, de haut bon sens, de fière et pour ainsi dire de mâle allure, — la seule femme de génie et de talent de ce siècle et de tous les siècles, en compagnie de Sapho peut-être, et de sainte Thérèse.

(*« Marceline Desbordes-Valmore », in* Les Poètes maudits, *deuxième série, 1888.* Œuvres en prose complètes, *Bibliothèque de la Pléiade, 1972, pp. 666-678.*)

Elle ne fut pas seulement un grand poète, mais surtout la femme douloureuse et passionnée qui se rêve, se donne, et ne peut plus se reprendre, parce que, dit-elle, en parlant d'un amour peut-être sur le tard relativement et méconnu,

... *J'ai semé ma joie au sommet d'un roseau !*

vers peut-être le plus extraordinaire de notre langue et de toute langue humaine !

(*« À propos de Desbordes-Valmore »,* Le Figaro, *8 août 1894, id., pp. 927-932.*)

Telle autre gloire est, j'ose dire, plus fameuse,
Dont l'éclat éblouit mieux encor qu'il ne luit :
La sienne fait plus de musique que de bruit [...]

Car elle fut artiste, et, sous la fougue ardente
Dont va battre son vers vibrant comme son cœur,

On perçoit et l'on doit admirer l'imprudente
Main au prudent doigté tout vigueur et langueur [...]

(*Œuvres poétiques complètes*, Bibliothèque de la Pléiade,
1962, pp. 640-641.)

ARAGON

L'un des plus grands poètes, je ne dirais pas du XIXe siècle français,
mais de tous les temps.

(*Europe, septembre 1948, p. 85.*)

GAËTAN PICON

Sa voix de source recouvre la rumeur de plus d'un fleuve glo-
rieux.
[...] Le rythme change-t-il, c'est le cœur qui a changé son battement.
Battements précipités, anxieux, ou exténués, des pièces aux vers de
cinq et huit syllabes où le désespoir de l'abandon s'exprime, par une
suprême mansuétude du cœur, dans le rythme heureux de la chanson
(*Ma chambre, Qu'en avez-vous fait ? L'Accablement*) ; larges mouvements
d'envol triste et de chute pacifiée où le vers, avec l'envergure d'un
vaste oiseau blessé, tournoie, s'abat, se relève [...].
Pauvre d'images, estompée, crépusculaire, sa poésie n'a pas besoin
de décrire le monde pour qu'il soit là dans sa présence essentielle :
l'espace qui est l'échange de notre regard et de notre respiration
[...].

(« *La poésie au XIXe siècle* », dans Histoire des littéra-
tures, *t. III, Encyclopédie de la Pléiade, 1958, pp. 918-
920.*)

CLAUDE ROY

Il n'est pas de poésie qui décourage plus les efforts d'un critique de
la forme, de la *technique* littéraire, que celle de Marceline Desbordes-
Valmore. Il n'en est pas qui incite davantage à un sage scepticisme,
touchant ces problèmes du langage, de l'originalité verbale, de la

création par chaque poète de *son* instrument, personnel et singulier, qui agitent aujourd'hui si continûment les esprits. Ce n'est pas assez de dire que la poésie de Marceline n'est pas une poésie savante, que rien en elle n'est prémédité, ni concerté. Il en est de ses plus certaines réussites comme de ces tableaux (plus rares, à vrai dire, qu'on ne veut nous le faire croire) où le Douanier Rousseau transcende paisiblement les catégories officielles de la naïveté et du métier, de l'inspiration et de la connaissance. La poésie de Marceline est une poésie de l'ignorance omnisciente. [...]

Elle a réussi, avec des mots, à nous donner l'équivalent non pas de la carcasse morte que les paroliers proposaient aux musiciens, mais de la musique elle-même. À travers deux siècles d'imitation, d'étiolement, de copies de plus en plus *inanimées*, sautant par-dessus Viennet et Népomucène Lemercier, par-dessus Jean-Baptiste Rousseau et Malfilâtre, Marceline retrouve la mélodie étouffée et somptueuse des plus beaux vers de *Bérénice*, et s'inscrit entre Racine et Baudelaire, dans la plus pure expression du lyrisme intime. [...]

« *Nous sommes du peuple, par le malheur et la bonne foi* », dit-elle. Et elle réconforte sa vie durant son pauvre mari de Valmore, « *pauvre ouvrier à la journée* ». « *Mot adorable*, commente Lucien Descaves, *de cette prolétaire de lettres à ce prolétaire de théâtre.* » Sainte-Beuve l'a constaté : « *Elle avait le cœur libéral, populaire, voué à tous les opprimés ; elle était vraiment patriote, comme on disait en ce temps-là... Elle était irrésistiblement du côté du peuple et des peuples... Il lui coûtait de rien recevoir des grands et des puissants, de ceux qu'elle ne pouvait appeler ses frères.* »

(« *Marceline Desbordes-Valmore* », *dans* La Main heureuse, *Gallimard, 1958, pp. 129-136.*)

JEAN GROSJEAN

Elle n'écrit qu'à ceux qu'elle aime, fussent-ils morts ; elle ne publie que pour qu'ils l'entendent, qu'ils le veuillent ou non, qu'ils le puissent ou non [...].

Ce pourrait être du XVIe siècle comme du XXe, ou de l'espagnol comme de l'akkadien.

(« *Desbordes-Valmore* », *dans* Tableau de la littérature française, *t. III, Gallimard, 1974, pp. 87-91.*)

Après l'édition que Marc Bertrand a donnée des *Œuvres poétiques* en 1973 on ne peut que s'appuyer sur ce beau travail, soit pour le texte, soit pour les précisions afférentes. Ce volume-ci lui doit beaucoup.

Cet ouvrage n'est qu'une anthologie, qui a voulu garder le meilleur mais aussi le plus spécifique. Il aurait sans doute été préférable de donner les poèmes retenus dans l'ordre des dates de leur composition, mais celles-ci sont trop souvent mal connues, et nous avons dû nous en tenir à l'ordre créé par les cinq recueils où Marceline a rassemblé elle-même la plus grande part de son œuvre. À chaque fois les textes que nous reproduisons se succèdent comme ils le font dans ces livres, puisque l'auteur l'a voulu. Quatre pièces pourtant, dans notre choix, ne figuraient pas dans ces ouvrages. Il nous a paru logique de les placer à la suite de celui d'entre eux où, de par leur date probable ou sûre, ils auraient le plus naturellement pu paraître.

Poésies

Ce recueil parut en 1830. Auparavant Marceline Desbordes-Valmore avait déjà publié sous ce même titre un premier ouvrage de vers en 1820, puis elle avait donné les *Élégies et Poésies nouvelles* en 1825, mais le recueil de 1830, en trois volumes, chez le libraire Boulland, est le rassemblement de tous ces poèmes, à côté de pièces inédites.

Page 37. SON IMAGE

Première publication en 1819.

Page 38. LA NUIT D'HIVER

Première publication en 1819.

Page 41.   ÉLÉGIE
        (Toi qui m'as tout repris jusqu'au bonheur d'attendre...)

La première publication est dans l'édition de 1830. Bernard Gué-
gan estimait que ce poème a été écrit dès 1817, après les fiançailles de
Marceline et de Prosper. Mais s'il est un poème de Marceline qu'on
puisse rattacher de façon directe à son intérêt pour Latouche, c'est
évidemment celui-ci.

Page 43.   ÉLÉGIE
        (J'étais à toi peut-être avant de t'avoir vu...)

La première édition est de 1822.

Page 45.   ÉLÉGIE
        (Je m'ignorais encor, je n'avais pas aimé....)

Publié dès 1819.

Page 46.   ÉLÉGIE
        (Ma sœur, il est parti ! ma sœur, il m'abandonne !...)

Publié en 1820. Cette sœur est vraisemblablement Eugénie, et il est
licite de retrouver dans ces vers des échos de l'une ou de l'autre des
ruptures de Marceline et de Latouche, mais il faut aussi souligner que
Marceline a revendiqué le droit à l'expression de l'expérience affecti-
ve la plus générale, celle qui dépasse sans la détruire la situation per-
sonnelle.

Page 48.   ÉLÉGIE
        (Peut-être un jour sa voix tendre et voilée...)

Parmi les éléments qui se composent dans la conscience poétique
de Marceline, il y a la voix, la qualité de la voix, qu'elle a su dégager
des banalités de la scène, et qu'elle a aimée chez Latouche. Elle a parlé
d'une « flamme sonore ». Elle sait que la « voix saisissante » est ce qui
atteint et éveille le « souvenir », qui est pour elle comme pour Nerval
ou Proust une des formes majeures de la manifestation de l'être. Mais
elle a aimé aussi la voix de Valmore. Première publication, 1822.

Page 50.   PRIÈRE POUR LUI

Par suite, un des besoins essentiels de la poésie, c'est, le second vers
le dit clairement, d'atteindre dans les mots à ce que Dieu, craint-elle,
ne lui a pas donné pour rencontrer sur la terre l'énigmatique parte-
naire de sa condition difficile : « une voix qui réponde aux secrets de
sa voix ». Marceline Desbordes-Valmore a identifié le problème de la
poésie féminine à celui de la voix, non des images. Première publica-
tion, 1830.

Page 51.   SOUVENIR
        (Quand il pâlit un soir, et que sa voix tremblante...)

Publié dès 1825. Le poème apparaît dans le choix qu'a présenté
Baudelaire. Sainte-Beuve : « Quiconque, à une heure triste, recueille,
en passant sur la grève, ces accents éperdus, ces notes errantes et

plaintives, se surprend bien des fois, longtemps après, à les répéter involontairement, à l'infini, sans suite ni sens, comme ces mots mystérieux que redisait Ophélia. » Ophélie qui est elle-même, avec ses chansons de la folie, la voix déçue qui se désaccorde et renonce.

Page 52.   SOUVENIR
                  (Son image, comme un songe...)

Publié en 1825.

Page 53.   LE SECRET

Publié en 1825. « Olivier » a la valeur pseudo-déictique de « Délie » et répond peut-être à l'Olive de Du Bellay, avec encore des virtualités d'anagrammes. Il existe une musique de Pauline Duchambge pour ces vers comme pour beaucoup d'autres.

Page 54.   S'IL L'AVAIT SU

Publié en 1825. Dans le choix de Baudelaire. Musique de Pauline Duchambge. Mais si Marceline « cherchait » parfois ses vers sur les cordes, et les offrait volontiers au travail des musiciens, il n'en reste pas moins que sa « musique » est totalement des mots, ce que prouve d'ailleurs l'évolution qui conduit de ces formes faciles de sa jeunesse au mètre second et hanté du *Rêve intermittent d'une nuit triste*, au plus haut moment de son œuvre.

Page 55.   SANS L'OUBLIER

Première publication, 1825. Musique de Pauline Duchambge et de Lemoine.

Page 56.   JE NE SAIS PLUS, JE NE VEUX PLUS

1825. Pauline Duchambge.

Page 57.   LES DEUX AMITIÉS

Première publication, 1819. Fragments dans *Les Poètes maudits*, de Paul Verlaine.

Page 59.   LE BOUQUET SOUS LA CROIX

Première publication, 1827. Le poème fut un moment dédicacé « à M. H. de Latouche ». Il semble exprimer une réaction au roman de celui-ci, *Clément XIV et Carlo Bertinazzi*, où figure un passage que Marceline a placé en épigraphe à un autre de ses poèmes (*À Monsieur A. de L.*, dans *Les Pleurs*) : « Quand je suis seul en voyage, et que sur ma route, près d'un village, au carrefour d'un bois, je rencontre une chapelle, une croix, une madone, j'y dépose un bouquet, ou bien une prière pour toi : je demande tout ce que tu désires » (Marc Bertrand, I, p. 313).

Page 60.   À MES SŒURS

Publié en 1830. Allusions au voyage à la Guadeloupe.

Page 63. LE VER LUISANT

Première publication, 1819. Un exemple de ces fables ou apologues qui sont ce qui a le plus vieilli dans le premier grand recueil.

Page 65. LA JEUNE CHÂTELAINE

Première publication, 1826. Mis en musique par Pauline Duchambge et Dausse. Une autre de ces « poésies diverses ».

Page 67. L'AMOUR

Première publication, 1830.

Page 69. LE DERNIER RENDEZ-VOUS

Publié en 1829.

Page 71. LE BEAU JOUR

Non repris dans le recueil de 1830, bien que publié en 1825 dans les *Élégies et Poésies nouvelles.*

Page 73. LES SÉPARÉS

Certainement un poème ancien. Mais il ne fut jamais publié avant que Sainte-Beuve ne le cite dans le premier de ses articles de 1869 sur Marceline (repris dans les *Nouveaux Lundis*, tome II). Sa place la meilleure semble ici, avant *Les Pleurs.*

Les Pleurs

Le livre fut remis à l'éditeur, Charpentier, en décembre 1832 et parut au printemps suivant. Sainte-Beuve s'y intéressa à l'instigation d'Alfred de Vigny, et publia en août dans la *Revue des Deux Mondes* l'article élogieux qui fut l'origine de son amitié durable avec Marceline. La même année, en novembre, paraissait *L'Atelier d'un peintre.*

Page 77. RÉVÉLATION

Première publication dans *Les Pleurs.* De cette pièce Ondine écrira à sa mère, en 1842 : « C'est celle qui te ressemble le plus. » Et on s'avise que ces passages soudains à des strophes brèves, qui sont si familiers à Marceline, devaient rappeler à ses enfants celle qu'ils avaient vue se lever de ses soucis pour chanter parmi eux et battre des mains. À l'arrière-plan, dans la méditation qui reste secrète, l'identité, un instant, du classicisme de *Bérénice* et de la voix romantique déjoue, comme chez nul autre poète, les classifications littéraires. — Nous n'avons retenu que la seconde moitié de l'œuvre.

Page 80. L'ATTENTE

Première publication en 1833.

Page 81.   DORS-TU ?

De même.

Page 82.   MALHEUR À MOI

Première publication en 1829. Musique de Michaeli, Louis et Pauline Duchambge. Choix de Baudelaire.

Page 84.   TRISTESSE

Première publication en 1832. Ses *Feuillantines*, nota Sainte-Beuve. L'Albertine qui paraît dans ce poème est une chère amie de l'enfance, Albertine Gantier, qui était morte à trente-deux ans en 1819. Plusieurs poèmes de Marceline lui furent consacrés, dont *Albertine* publié en 1825, où il est écrit : « Oh ! que j'aimais mon nom dans ta voix argentine ! », ce qui retrace jusqu'en son origine enfantine la fusion du rêve de pureté, de la parole et de la musique.

Page 89.   LE MAL DU PAYS

Première publication dans *Les Pleurs*. Sur Albertine, cf. la note précédente. Le 21 mai 1831, Marceline écrivait : « Je sors d'un rêve étrange. Je ne puis me refuser à l'écrire pour me convaincre qu'il n'y faut pas croire... ou pour qu'il étonne de tristesse quelqu'un qui m'aura aimée, s'il se réalise dans un an.

» Je traversais vers la nuit une longue allée d'arbres. J'étais seule, sans mélancolie et sans frayeur. J'allais vite et je ne sais où. Tout à coup au milieu de deux allées, Albertine s'est montrée vêtue de noir, mais sous les traits de ma bonne Ruissel. Cette différence ne dérange pas mon idée que c'était bien Albertine, et je lui dis sans trop de surprise, en lui tendant les bras avec promptitude, presque en riant : "Ah ! viens-tu me chercher ? — Pas encore, me dit-elle, ce n'est pas le temps, je ne viendrai que dans un an. Mais dans un an il faut te tenir prête, et je t'emmènerai. Oh ! que tu seras bien alors ! Dans un an, répétai-je avec quelque plaisir, bien vrai, sûr ? — Oui, tu peux y compter et m'attendre. Jusque-là, tu dois souffrir." Ses yeux, où je regardais alors, curieuse et avec émotion, brillaient d'une clarté singulière et s'agitaient comme pour parler. Elle me conduisit pour me faire panser le cou, où j'avais une blessure ouverte, mais ce qu'on me donna et que j'y appliquai avec indolence, bien que je sentisse des douleurs et des élancements cruels, ne faisait qu'ouvrir cette blessure, à travers laquelle je croyais voir jusqu'au fond de mon cœur. Qu'il y faisait triste ! Tout est confus de ce qui me reste de ce rêve. Ces deux scènes sont là comme arrivées ou bien montrées d'avance.

» Et j'ai senti les lèvres d'Albertine s'attacher longtemps avec une pitié passionnée sur les miennes. Alors j'ai eu un peu de frayeur, mais je ne bougeais pas, dans la crainte d'affliger cette chère ombre. »

La bonne Ruissel était une voisine, couturière (Marc Bertrand, I, p. 351, qui cite ce texte). Elle n'a sans doute prêté que l'idée du ruissellement qui apparaît dans le poème dès la première strophe. Le pays de l'enfance est donc aussi le lit partagé de premiers et profonds attachements. Mais autant il faut garder en esprit ce rêve, autant on peut craindre les interprétations qui le réduiraient à ce qui n'est pas, en tout cas, ce que Marceline veut suggérer quand elle évoque à la fin du *Mal du pays* : « ce que je n'ose écrire ».

Page 92. LA SINCÈRE

Publié dès 1831. Musique de Pauline, l'amie proche.

Page 94. MA FILLE

Première publication dans *Les Pleurs,* quand Ondine (dont le vrai prénom est Hyacinthe) est dans sa douzième année.

Page 97. L'IMPOSSIBLE

Première publication dans *Les Pleurs.* « Courez, ma plume, courez », dira la préface de *Bouquets et prières.* Ajoutant : « C'est vous, que personne ne m'apprit à conduire ; c'est vous, que sans savoir tailler encore, j'ai fait errer sous ma pensée avec tant d'hésitation et de découragement ; c'est vous, tant de fois échappée à mes doigts ignorants, vous, qui par degrés plus rapide, trouvez parfois, à ma propre surprise, quelques paroles moins indignes des maîtres, qui vous ont d'abord regardée en pitié. » Aucun maître d'alors n'aurait « trouvé » le vers qui illumine cette page certes facile : « Quand vivre était le ciel, ou s'en ressouvenir ».

Page 99. LE COUCHER D'UN PETIT GARÇON

Première publication en 1830.

Page 101. L'ÉPHÉMÈRE

Première publication dans *Les Pleurs.* Les vers de Latouche étaient loin encore d'avoir paru en volume.

Page 103. LE CONVOI D'UN ANGE

Première publication dans *Les Pleurs.* Nous ne donnons ici que deux fragments du poème. De la « mère qui n'est plus », « elle était belle comme une Vierge », a écrit sa fille. Et dans *L'Atelier d'un peintre* : « Je me sens à genoux devant son souvenir. »

Pauvres fleurs

Pauvres fleurs a paru en 1839, chez l'éditeur Dumont, et plutôt par besoin d'argent que par le sentiment qu'aurait eu Marceline d'avoir atteint une étape. Les poèmes de ce recueil y ont eu leur première publication (sauf indication contraire).

Page 109. LA MAISON DE MA MÈRE

Première publication dès 1834. Nous ne donnons que deux

fragments de ce poème « où mon cœur a essayé de répandre cette passion malheureuse et charmante du pays natal, quitté violemment à dix ans pour ne jamais le revoir », ce qui n'est pas tout à fait exact, mais permet de mesurer l'ampleur du choc que fut dans sa vie le voyage imprévu et mouvementé qu'elle fit avec cette mère qui peut-être pensait qu'elle n'avait plus de maison.

Page 111.   LA FLEUR D'EAU

Première publication en 1834.

Page 113.   AVANT TOI

On s'accorde à reconnaître dans ce poème une sorte d'épître à Prosper Valmore, que Marceline avait épousé en 1817, après la mort de son père.

Page 118.   HIVER

On comparera l'idée de ce poème, et ses quatrième et cinquième strophes, à « Sur les bois oubliés quand passe l'hiver sombre... », le poème de Mallarmé qui fait parler une disparue. Mais aussi à la *Dernière élégie,* de Latouche : « Sous son linceul se dit-elle : "J'ai froid !" »

Page 119.   RÊVE D'UNE FEMME

Première publication en 1833, sous le titre *Dieu dans un rêve.* Sainte-Beuve a remarqué la « lampe orageuse ».

Page 121.   FLEUR D'ENFANCE

Première publication en 1836. Du « petit amoureux » : « je recevais de ses mains qu'il avançait vers moi de larges feuilles vertes et fraîches, qu'il avait été prendre sur les arbres du rempart pour me les apporter [...]. Il avait dix ans et j'en avais sept », écrivit Marceline de leurs rencontres « sur la porte de ma mère, quand il ne faisait plus ni jour ni nuit ».

Page 123.   À MONSIEUR A.L.

Il ne s'agit pas d'Alphonse de Lamartine. Le poème a paru pour la première fois en décembre 1836. Il se réfère à l'insurrection lyonnaise de 1834, qui fut suivie d'une terrible répression. Marceline habitait alors à Lyon, et écrivait dans ces jours à une amie : « Toutes les horreurs de la guerre civile ont désolé Lyon, durant six jours et demi et six nuits d'épouvantables terreurs. Le canon, les balles, le tocsin permanent, l'incendie partout, les maisons écroulées avec leurs infortunés habitants et la triste tentation de regarder aux fenêtres, punie partout de mort. »

Page 126.   CANTIQUE DES MÈRES

Marceline s'adresse à la reine Marie-Amélie. Le ton de complainte naïve, sensible dès le troisième vers, n'est pas un artifice d'écriture, mais un acte de sympathie pour le peuple dont elle partage le chagrin et aime l'expression spontanée. Ainsi, chez Corbière, qui a des affinités avec Marceline, dans *La Rapsode foraine et le pardon de Sainte-Anne*.

Page 130.   CANTIQUE DES BANNIS

Dans une lettre : « trente mille ouvriers sans pain, errant dans le givre et la boue, le soir, le visage caché d'un lambeau et *chantant* la faim ». A propos de Notre-Dame de Fourvières (qui n'est pas encore remémorée par la basilique actuelle, commencée en 1870), Marceline note que c'est seulement à Lyon qu'une « pauvre Madone, surmontant un rocher, arrête trente mille lions qui ont faim, froid et haine dans le cœur ». Remarque à laquelle il est utile d'ajouter ce fragment de conversation recueilli par Auguste Barbier (*Souvenirs personnels et silhouettes contemporaines*, 1883, s.v. : « Marceline Desbordes-Valmore », cité par Marc Bertrand, II, p. 711) : « Encore une œuvre du Saint-Simonisme !, dit fougueusement Brizeux. — Non, mon ami, répliqua Mme Desbordes, mais l'œuvre de la misère et de la souffrance qui n'entendent pas et n'attendent pas. » Et elle ajoutait : « Cruauté partout, en haut comme en bas. » — À ces poèmes relatifs à l'insurrection lyonnaise on ajoutera *Dans la rue*, impubliable du temps de Marceline, et que nous avons replacé après les extraits de ces *Pauvres fleurs*.

Page 134.   SOL NATAL

Première publication en 1838. Le poème est dédié à Samuel-Henry Berthoud, un « frère de Flandre » de dix-huit ans plus jeune. On se souviendra que Rimbaud, qui séjourna à Douai, a écrit *Mémoire* sous le même signe de l'eau qui stagne et qui bouge. *Sol natal* est peut-être un des poèmes qu'il aimait de Marceline. Dans *Contes et scènes de la vie de famille*, celle-ci a évoqué à nouveau le cimetière de sa petite ville : « C'était alors le rendez-vous de toutes les petites filles de cette rue paisible. Elles allaient s'asseoir et faire des bouquets, parfois même danser, autour des tombes vertes. Elles y portaient leurs paniers d'école pleins de fruits, de pain d'alouette, d'herbes fines et aromatiques mêlées au beurre et au laitage choisi des jours de fête [...]. C'est là que, dans le creux d'une muraille effondrée, au-dessus de la margelle d'un vieux pùits sans eau, se soutenait encore le Christ flagellé, couronné d'épines, et les mains liées de corde. »

Page 140.   AU CHRIST

Première publication en 1836. Marceline écrivait à une amie, vingt ans après : « Je vois à une immense distance le Christ qui revient. — Son souffle arrive au-dessus des foules. Il tend les bras tout grands ouverts, et ils ne sont plus cloués ! — plus jamais cloués ! — Mais si je me remets à regarder la terre, les transes me reprennent et, à la lettre, je crois tomber, et je glisse à genoux contre une porte ou une fenêtre. C'est violent et silencieux. » Cité par Sainte-Beuve, *Nouveaux Lundis*, t. XII, p. 237, et Marc Bertrand, II, p. 683.

Le poème qui aurait dû trouver sa place dans *Pauvres fleurs*, à côté des autres témoignages. Mais « pas un journal à Paris n'a osé les imprimer », écrivait-elle en 1834 de ces vers qui restèrent inédits jusqu'après sa mort. Quand Sainte-Beuve les cita dans *Le Temps* en 1869, encore en retira-t-il la cinquième strophe.

Bouquets et prières

Marceline Desbordes-Valmore pensa un moment intituler son livre *Les Bruits dans l'herbe*. Il fut imprimé en 1842 et parut au début de 1843, chez le même Dumont secourable que *Pauvres fleurs*. Sauf indication contraire, les poèmes de ce recueil y ont eu leur première publication. En 1839 leur auteur avait écrit à son frère : « Je ne sais plus faire de vers. » Dans sa brève préface, où elle « ordonne » à sa plume de « courir », parce qu'elle éprouve sans doute la tentation opposée, elle se compare au grillon, dont Dieu aurait dit : « Laissez chanter mon grillon ; c'est moi qui l'ai mis où il chante. » Le titre de cette page, qui a comme un refrain entre ses paragraphes de prose (on pense à *Frisson d'hiver*, de Mallarmé), est « Une plume de femme ».

Cette sœur est Cécile, l'aînée, qui apparaît aussi dans *Les Petits Flamands*, une des parties des *Contes et scènes de la vie de famille*. Née en 1777, elle mourut en 1854. Elle resta célibataire mais eut deux enfants. Marceline lui écrivait une fois : « Avant-hier, dans la nuit, j'ai eu le bonheur de rêver à toi et de t'embrasser avec une effusion d'amitié et de joie si vive que je m'en suis réveillée. Nous allions au-devant l'une de l'autre les bras ouverts. Tu portais un beau châle de laine à palmes, et je portais le pareil en vraie sœur. » Ce qui est à rapprocher de la note sur *Le Mal du pays*, à propos d'Albertine, une autre de ces « jeunes filles en fleurs ».

Première publication en 1841 dans *L'Album musical* de Pauline Duchambge, sous le titre *Les Deux Chaises*.

Première publication en 1840. Le titre était alors *Au jardin de ma fenêtre*. Marceline et les siens avaient habité trois ans sous les toits, au faîte de cent vingt marches. Marc Bertrand remarque, II, p. 698, que Marceline habita presque constamment au dernier étage. Elle a parlé de « l'hirondelle voyageuse ».

Page 157.   DORS !

C'est déjà là le ton de *Renoncement*, le grand poème de peut-être dix ans plus tard.

Page 158.   L'ÉGLISE D'ARONA

Souvenir du malheureux voyage de 1838, occasionné par un projet d'embauche de Prosper Valmore à Milan. Dans le « journal de voyage » qui fut publié dans le *Mercure de France* en 1910 : « J'use de la liberté mélancolique d'errer, de parler, de pleurer, le long de ces rues désertes, de ces maisons inconnues, de ces églises hospitalières où je me précipite comme si j'entrais par une porte dérobée dans la maison de mon père... »

Page 159.   UNE HALTE SUR LE SIMPLON

Souvenir du même voyage. Marceline avait écrit à Pauline le 19 septembre 1838, de Milan : « Je me rappelle avoir vu aussi la lune, comme suspendue aux rochers des Alpes, s'y poser tremblante et solitaire comme une tête divine, se balancer sur un pic, briller dans un nuage blanc [...]. » La plume « court », comme souvent, mais rencontre combien de fois des beautés qui ne sont pas « indignes des maîtres », écrivains ou peintres, qui ont évoqué ces montagnes et ce long chemin dangereux où parfois un simple tronc d'arbre est « le seul pont jeté

             Entre l'âme qui passe et son éternité ».

Page 165.   UN ARC DE TRIOMPHE

« Mille doux cris à têtes noires » est un des beaux exemples de cette fusion d'abstrait et de concret qui est si constante chez Marceline Desbordes-Valmore.

Page 167.   AUX TROIS AIMÉS

Un manuscrit est daté de 1840.

Poésies inédites

Le recueil fut publié à Genève, peu après la mort de Marceline, par les soins d'un de ses amis et grands admirateurs, Gustave Revilliod. Beaucoup des poèmes, écrits de longue date, n'avaient pourtant pu paraître, faute d'éditeur. Marceline avait préparé l'ouvrage et sut qu'il allait exister.

Page 171.   UNE LETTRE DE FEMME

Verlaine cite ce poème avec enthousiasme dans *Les Poètes maudits*.

261

Page 173. JOUR D'ORIENT

Il cite de même quelques vers de celui-ci.

Page 174. ALLEZ EN PAIX

Beaucoup de spéculations ont accompagné ce poème que Marceline écrivit à soixante et onze ans. Il peut s'en passer. On lira, néanmoins, la note détaillée et précise de Marc Bertrand, II, pp. 727-734, à propos notamment d'Henri de Latouche.

Page 176. LES CLOCHES ET LES LARMES

On a souvent évoqué *Le Pont Mirabeau* à propos de ce poème.

Page 178. UN CRI

Poème attesté dès 1855. Cf. la note d'*Allez en paix*.

Page 181. LES ROSES DE SAADI

Le plus célèbre des poèmes de Marceline Desbordes-Valmore, imité d'un passage de la préface du *Gulistan*. Déjà, Baudelaire l'avait retenu. Il a pu être écrit vers 1848.

Page 182. LA JEUNE FILLE ET LE RAMIER

Un autre de ceux qu'a rassemblés Baudelaire à la suite de sa notice.

Page 183. L'ENTREVUE AU RUISSEAU

Publié dès 1830, avec musique.

Page 184. LA VOIX D'UN AMI

C'était la voix d'un « ami poète », a dit Sainte-Beuve.

Page 185. TROP TARD

Il existe une musique de Pauline Duchambge.

Page 187. DERNIÈRE ENTREVUE

On dirait que plusieurs de ces poèmes du dernier livre sont repris d'ébauches de la jeunesse, et contemporains des tourments d'alors.

Page 189. AU LIVRE DE LÉOPARDI

Ce livre, les *Canti*, 1835. Mais Marceline ne pratiquait guère l'italien, et c'est à Musset, l'auteur d'*Après une lecture*, où il est question du pessimisme de Leopardi, si contraire à son propre tempérament, qu'elle doit sans doute d'avoir réfléchi de cette façon.

Page 193. LE NID SOLITAIRE

Première publication en 1851. Un des poèmes qui suivent la notice de Baudelaire.

Le vers de onze pieds traduit l'intériorisation grandissante de l'écriture de Marceline.

Les lieux et les moments de l'enfance prennent le caractère d'un paradis qui s'entrouvre. On dirait que s'exprime ici celle-même que Baudelaire qualifie de « moesta et errabunda ». On est frappé aussi par cet « Emmenez-moi, chemins ! » qui rappelle : « Emporte-moi, wagon ! » L'explication est l'affinité profonde, qui se marque d'ailleurs dans la qualité du jugement critique de Baudelaire.

La *cense* de la deuxième strophe semble être une de ces « fermes citadines » de la sixième. La hantise du jardin originel est là encore, et celle du père qui accueille.

Tout nom propre, de par son manque de sens, est métaphorique de l'existence, en son hasard essentiel. Cette indication est plus soulignée que déniée par ce que le *prénom* apporte, au contraire, de signification qui renvoie à des archétypes. Encore faut-il que la destinée personnelle, arrêtée comme ici à l'adolescence sans doute, vienne aggraver ce mystère. Opère alors l'oubli, qui dégage Rose Dassonville de tout à-côté, de toute anecdote, et son nom suffit à la poésie.

Une note de l'édition Lemerre, t. III, p. 231, indique : « À la fin de novembre 1846, après avoir veillé quatorze nuits sa fille Inès mourante, Mme Valmore se jeta sur un canapé dans la chambre triste. Elle était épuisée et fiévreuse. Ces vers furent non pas composés, mais dictés à son cœur comme un soulagement divin. Le lendemain, elle put les fixer sur le papier pendant le sommeil de sa fille. » Ces précisions viennent d'Hippolyte, le fils de Marceline, qui considérait qu'il s'était agi d'un songe où était apparue dansante Ondine, la fille aînée, au milieu d'un paysage de Flandre. « Des vers d'une mesure insolite se forment comme d'eux-mêmes en cet esprit qui veille dans le corps endormi [...]. Qui donc touchait les cordes de cette harpe [...] ? » (même éd., t. II, pp. 381-382). Quelle qu'en soit l'origine, le *Rêve intermittent* est un des plus beaux poèmes de notre langue, et suffirait à placer son auteur auprès des plus grands de ces « maîtres » auxquels elle craignait de se comparer. Par un effet ultime de l'opération poétique, passionnément recherché toute une vie, le « doux point de l'Univers », le pays natal, se transmute, pour au moins un instant, en une sorte de paradis.

Page 211.   ONDINE À L'ÉCOLE

Écrit sans doute vers 1848. Cf. Marc Bertrand, II, pp. 746-748, sur Ondine, et le « rêve d'amour » de Sainte-Beuve.

Page 213.   LA MÈRE QUI PLEURE

À propos d'Ondine en voyage.

Page 215.   L'ÂME ERRANTE

De 1856 ou du début de 1857. Ondine n'est plus.

Page 217.   INÈS

Sainte-Beuve : « La plus tendre chanson de sa mère ne faisait que bercer son tourment sans jamais réussir à l'apaiser ni à l'endormir » (*Causeries du Lundi*, t. XIV, p. 414).

Page 220.   RETOUR DANS UNE ÉGLISE

À lire le dernier vers on se prend à penser que le charme qu'elle avait trouvé, jadis, à la voix de « l'ami poète » venait du sentiment que c'était lui et non elle qui pouvait incarner la poésie, par intimité naturelle de l'être masculin avec son langage, sa culture. Tandis que maintenant, et cela malgré sa douleur et sa solitude, elle sait que la poésie et sa voix propre se sont unies.

Page 222.   QUAND JE PENSE À MA MÈRE

Première publication en 1854.

Page 225.   LES SANGLOTS

De 1853 sans doute. Reproduit par Verlaine dans *Les Poètes maudits*.

Page 230.   LES PRISONS ET LES PRIÈRES

Il s'agit cette fois de la révolution de 1848. À son frère (le 1er mars 1848) : « L'orage était trop sublime pour avoir peur ; nous ne pensions plus à nous. Non, tu n'as rien vu de plus beau, de plus simple et de plus grand [...]. Ce peuple adorable m'aurait tuée en se trompant que je lui aurais dit : ''Je vous bénis.'' »

Page 232.   LA COURONNE EFFEUILLÉE

Première publication, 1850, sous le titre : *Ferveur*. Seconde en 1856 sous le titre : *Refuge*.

Page 233.   RENONCEMENT

Sans doute contemporain de *La Couronne effeuillée*. Verlaine a cité ce poème dans *Les Poètes maudits*.

Page 234.   *« Que mon nom ne soit rien qu'une ombre douce et vaine... »*

Lucien Descaves : « Ces quatre vers auraient pu être gravés sur sa tombe. »

Première publication en 1849. On pourrait préférer que les vers qui précèdent soient les derniers de ce livre, mais dans les *Poésies inédites* la partie *Foi* est suivie d'*Enfants et jeunes filles* selon le vœu de l'auteur, et il ne faut pas s'en étonner puisque *Tristesse*, le premier poème de *Foi*, commence par :

> *Si je pouvais trouver un éternel sourire,*
> *Voile innocent d'un cœur qui s'ouvre et se déchire,*
> *Je l'étendrais toujours sur mes pleurs mal cachés [...]*

et dit encore :

> *Adieu, sourire, adieu jusque dans l'autre vie.*

Page 237.   MADAME ÉMILE DE GIRARDIN

De 1855. Michelet, à Marceline, le 22 novembre : « La voilà sauvée, Madame. Une ligne de vous, c'est l'immortalité. »

Page 239.   *« Tu n'auras pas semé ta couronne étoilée... »*

Ces vers n'appartiennent pas aux *Poésies inédites*. Leur première publication fut en 1946 dans la revue *Lettres*, n° 1, à Genève. Peut-être furent-ils écrits en 1853, à la mort d'Ondine. Quelque chose y brille pourtant qui pourrait en faire, à un autre plan, l'épitaphe aussi de Marceline.

TABLE

Poésies inédites (1860)

DOSSIER

Ce volume,
le cent soixante-dix-huitième
de la collection Poésie,
composé par SEP 2000
a été achevé d'imprimer par
l'imprimerie Bussière à Saint-Amand (Cher)
le 16 mars 1994.
Dépôt légal : mars 1994.
1ᵉʳ dépôt légal dans la collection : septembre 1983.
Numéro d'imprimeur : 982.
ISBN 2-07-032243-2./Imprimé en France.